마을교육
공동체

생태적 의미와 실천

마을교육
공동체
생태적 의미와 실천

초판 1쇄 발행 2019년 8월 15일
초판 6쇄 발행 2022년 10월 23일

글쓴이 김용련
펴낸이 김승희
펴낸곳 도서출판 살림터

기획 정광일
편집 조현주·송승호
북디자인 꼬리별

인쇄·제본 (주)신화프린팅
종이 (주)명동지류

주소 서울시 양천구 목동동로 293, 2215-1호
전화 02-3141-6553
팩스 02-3141-6555
출판등록 2008년 3월 18일 제313-1990-12호
이메일 gwang80@hanmail.net
블로그 http://blog.naver.com/dkffk1020

ISBN 979-11-5930-112-4 93370

*한국외국어대학교 내부연구비 지원도서

이 도서의 국립중앙도서관 출판예정도서목록(CIP)은
서지정보유통지원시스템 홈페이지(http://seoji.nl.go.kr)와
국가자료공동목록시스템(http://www.nl.go.kr/kolisnet)에서 이용하실 수 있습니다.
(CIP제어번호: CIP2019030136)

마을교육
공동체

생태적 의미와 실천

김용련 지음

살림터

머리말

　마을, 교육, 공동체. 이것은 우리가 평소에 흔히 쓰는 말들이지만 그 용어가 만들어 내는 우리 사회의 난맥상은 쉽게 해결되는 영역들이 아니다. 고도로 산업화된 이 시대에 마을이라 표현될 수 있는 지역이 얼마나 남아 있을까. 또 학력 사회에서 나타나는 사회적 불평등과 차별의 원인으로 우리의 교육제도를 간과할 수 있는가. 더구나 오늘날처럼 경쟁 위주의 물질만능 시대에 사람들 간의 관계성이 존중되는 공동체적 접근이 과연 어울리기나 하는 표현일까 등의 의문이 끊임없이 제기된다.

　마을교육공동체는 이러한 세 단어의 조합이다. 어찌 보면 시대적 난맥상을 대표하고 우리 시대 교육적 지향을 설명하는 모순적 용어일 것이다. 더구나 '마을'이나 '공동체'는 현재보다는 과거에 더 잘 어울리는 표현이기 때문에 일종의 회귀 또는 복고라는 과거지향적 의미를 품고 있다. 그럼에도 불구하고 최근 우리 교육계에서 마을교육공동체에 대한 논의와 실천이 점차 뜨거워지고 있는 현상은 무엇 때문일까. 모순적일 수 있겠지만, 시대적 난맥을 대표하고 과거지향적 의미를 내

포하는 마을교육공동체를 통해서 우리가 확인하고 싶은 것은 '미래교육'이다. 지금의 교육 문제를 직시하고 이를 극복하기 위해 우리 사회가 추구하려는 것이 바로 '지역'과 '공동체'인 것이다.

마을교육공동체라는 의미에 이러한 모순이 공존할 수 있게 만드는 또 하나의 용어가 '교육생태계'이다. 모순과 우연 또는 혼돈의 에너지로 성장하는 자연생태계와 마찬가지로 교육에는 새로운 시도와 도전이 존중되고 상호작용을 통한 에너지가 결집되는 생태적 교육환경이 필요하다. 자연생태계의 특성은 모든 요소들이 유기적으로 연결되어 있고, 환경 변화에 스스로 대응하며 살아가는 자생성이 있으며, 상생과 공진화가 나타난다는 점 등이다. 마찬가지로 교육생태계에서도 학교와 지역이 연결되고 삶과 배움이 일치되는 교육, 스스로 문제를 해결하는 자발적인 교육, 경쟁보다는 상생과 공진화가 존중되는 교육이 나타나야 한다. 마을교육공동체는 학교와 지역사회를 이러한 교육생태계로 만들기 위한 것이다.

물론 불과 몇 해 전만 해도 아이들 교육을 위해 학교와 지역이 함께해야 한다는 생각 또는 아이들의 성장과 발전을 위해 지역사회가 교육적 역할을 담당해야 한다는 인식이 보편적이지는 않았다. 하지만 지금은 굳이 4차 산업혁명 시대의 학교 변화를 상상하지 않더라도, 최근 우리가 강조하는 민주적 시민교육, 창의적 체험활동, 학생자치 활동, 정규 교육과정 등을 운영하기 위해서는 학교라는 울타리를 넘나들며 배워야 한다는 인식이 점차 확산되고 있다.

필자가 몇 년 전 학교 선생님들을 대상으로 강연을 할 때 이런 질문을 받은 적이 있다. "학교는 완전체인데 지역과 함께해야 할 필요가 있나요?" 과거에 학교는 청소년 교육을 담당하는 하나의 완전체로서 그 역할을 수행했다. 국가수준의 교육과정에는 학생들이 반드시 배워야 할 교과목, 교육 목표와 내용, 교육 방법과 평가 등이 이미 정해져 있고, 교과서를 통해 이를 배우는 것 외에 별다른 장치와 수단이 필요치 않았던 것이 사실이다. 학교에서만 잘 배우면 올바르게 성장할 수 있다는 믿음과 실천이 있었던 것이다.

그런데 학교가 완전체로 인식되고 교육적 역할이 강화될수록 학교는 고립되어 왔고, 지역과 멀어지고, 학생들의 배움은 삶과 분리되는 결과를 초래했다. 이제는 아이들의 배움이 학교라는 울타리 안에 머무를 필요가 없다. 교과서를 통해 지식을 습득하는 방식이 아니라 네트워크를 통해서 문제를 해결하는 방식으로 교육이 전환되어야 한다. 마을교육공동체를 만드는 것은 학교와 지역을 연결해 주기 위한 교육적 노력이며, 이를 통해 학교의 부담을 가중시키는 것이 아니라 덜어주기 위한 시도이다.

최근 마을교육공동체가 부상하면서 관련된 연구와 책들이 종종 나오고 있다. 그동안의 책들이 실천에 토대한 사례 중심의 내용을 담아냈다면, 이제는 마을교육공동체의 의미와 실천을 좀 더 체계화시킴으로써 지속가능한 발전을 위한 토대와 발판을 만들어 줄 필요도 생겨나고 있다. 이 책은 그러한 의도를 반영하여 마을교육공동체의 실천 사례를 소개하기보다는 학술적 성격과 이론적 내용을 설명하는 데 집중하였고, 그렇기 때문에 다소 건조하게 읽혀지는 부분이 있다는 점을 독자들께 밝혀야 할 듯하다. 이 책은 그동안 필자가 연구와 저술활동을 통해 제시한 내용과 결과를 새롭게 정리한 것으로, 내용을 간략히 소개하면 다음과 같다.

제1부에서는 마을교육공동체의 의미를 소개하였다. 이를 위해 사회적 환경 변화를 일괄하면서 탈중심적 연대가 시작되는 교육 외적인 흐름을 설명하였다. 이러한 사회 환경 변화에 맞물리는 교육 패러다임의 변화 과정에서 마을교육공동체가 부상하게 된 배경을 설명하고, 궁극적으로 '왜 마을교육공동체가 필요한가'라는 질문에 대해 '배움이라는 것이 주민으로서의 의무이기도 하지만 시민으로서의 권리'가 되어야 한다는 점을 제안하고 있다. 또 마을교육공동체의 개념에 대해서는 먼저 마을의 의미를 공간, 시간, 인간, 그리고 이야기의 관점에서 제시하였으며, 일반적인 교육공동체의 의미를 넘어서 삶과 배움이 일치하는 생태적 마을교육공동체의 의미와 그 학습 방법에 대해 언급하였다.

제2부에서는 마을교육공동체 실천을 위한 원리로 상생과 공진화를 위한 생태주의 교육의 특징과 공동체 교육을 위한 시사점을 제시하였다. 그리고 사회적 자본이라는 개념을 마을교육공동체의 원리에 적용하여, 우리가 마을교육공동체를 통해 구축해야 할 것은 교육적 신뢰와 연대를 바탕으로 한 지역교육력이라는 점을 강조하였다. 또한 마을교육공동체를 만들기 위한 실천적 방안으로 교육 거버넌스 체계가 필요하고, 이를 위해서는 교육자치와 일반자치, 주민자치의 협력이 어떻

게 이루어져야 하는지를 제안하였다.

제3부에서는 초기적 단계인 마을교육공동체가 현실적으로 어떻게 인식, 실천되고 있는지에 대한 비판적 접근을 제시하였다. 마을교육공동체가 확산되고 있는 현시점에 우리의 실천이 지닌 한계를 되짚어 보는 성찰도 필요한 것이다. 더불어 그동안 우리 사회의 교육이 청소년들에게 일방적이고 피곤하게만 여겨지는 공부에서 자발적이고 창의적인 배움으로 전환되어야 한다는 점과 이를 위해 마을교육공동체의 방향이 어떠해야 하는지를 제안해 보았다.

현재의 마을교육공동체 흐름이 앞으로 몇 년을 더 지속할 수 있을지 궁금해하는 사람들이 종종 있다. 마을교육공동체도 과거 교육정책과 같이 정치가 변하고 리더십이 바뀌면 곧 끝나게 되는 2, 3년짜리 일종의 교육 프로그램으로 인식될 수 있다. 하지만 마을교육공동체가 그렇게 쉽게 소멸될 교육 실천이 아니라는 믿음은 일반 사회의 변화에서도 확인할 수 있다. 지속가능한 발전을 위한 지역화, 연대, 공유와 상생이라는 관점은 마을교육공동체에서만 추구되는 것이 아니라이미 사회적 변화의 화두이자 실천 방향이 되었다. 마을교육공동체는이러한 사회적 패러다임과 같이 가고 있다. 더불어 마을교육공동체가학교의 울타리를 넘나드는 교육, 삶과 일치된 배움, 경쟁보다는 공진화라는 미래교육의 방향을 제시하고 있는 이상 쉽게 사그라질 흐름은 아니다. 이제 이 실천의 운동성과 열정을 보다 더 지속가능한 교육문화로 자리매김하기 위해서는 공동체적인 협력과 노력이 필요할뿐이다.

독자 여러분과 함께 마을교육공동체를 만들어 가는 즐거운 상상을
하며 이 책의 내용이 마을교육공동체를 연구하고 실천하는 분들과 충
분히 공유될 수 있기를 기대해 본다.

2019년 7월
이문동 연구실에서
김용련

- 1부 -

의미

I.

교육환경 변화

1. 시대적 변화: 탈중심적 연대의 시작

아무도 원치 않는 교육

그동안 신자유주의가 지배해 온 한국 교육은 너무도 경쟁적이었고 시장화된 논리가 만연하였다. 서열을 나누고자 하는 학생 평가는 경쟁적일 수밖에 없었고, 학생과 학부모를 교육 소비자로 부르고 학교와 교사를 교육 공급자로 부르는 것이 일상화되었다. 경제에서 소비자와 공급자가 만나는 곳을 시장이라고 하니, 학생과 교사가 만나는 학교는 자연스럽게 시장화될 수밖에 없었다. 교육이라는 가르침과 배움은 이미 경제 논리로 거래되는 일종의 서비스가 되어 버렸다. 이러한 신자유주의적 원리가 내재화된 교육현장에서는 실제로 어떠한 일이 벌어지고 있을까.

우리나라 일반적인 고등학교 2, 3학년 학급에서 전개되고 있는 교육 상황을 상상해 보자. 지금은 수학 시간. 한 교실에 30여 명의 학생들이 수업을 받고 있다. 그중 앞에 있는 열 명은 선생님의 수업을 열

심히 듣고 있을 것이다. 또 다른 열 명 정도는 수학이 아닌 다른 공부를 하고 있고, 나머지 학생들은 엎드려 자고 있다. 교사는 이 상황에 개의치 않고 그저 본인의 수업을 하고 있을 뿐이다. 다른 공부를 하는 아이들을 말리지 않고, 자는 아이들을 깨우지도 않는다. 학생들은 교육 소비자로서 지금의 교육 서비스를 선택하고 있는 것이고, 교사도 소비자의 권리에 개입하지 않는다. 학생들은 소비자로서 선택의 다양한 이유와 조건을 가지고 있을 것이다. 예를 들면 난 지금 이 수학 수업이 필요하다고 느끼는 학생들, 혹은 이 수학은 학교보다 학원이 훨씬 잘 가르친다고 판단하는 학생들, 또는 어제 새벽까지 게임을 했기 때문에 지금 나한테 필요한 것은 잠이라고 판단하는 학생들. 모두들 교육 소비자로서 지금의 교육 서비스를 선택하고 있는 것이다. 더욱 심각한 것은 이러한 상황이 고등학교뿐만 아니라 이미 중학교로도 번져 가고 있다는 것이다.

과연 이것을 교육이라 할 수 있는가. 우리가 원하는 교육이 이런 모습인가. 교사들은 이런 수업을 하고 싶겠는가. 학부모는 이런 학교교육을 원하는 것인가. 그리고 학생들은 소비자로서 선택을 하면서도 왜 행복하다고 하지 않는가. 학생, 학부모, 교사 그 누구도 이와 같은 교육을 원하지 않는다. 아무도 원하지 않는 교육이 우리나라 교실에서는 일상처럼 이루어지고 있다. 도대체 그 누구도 원치 않는 교육을 왜 하고 있는 것인가.

최근 대안교육, 혁신학교, 혁신교육지구사업, 마을교육공동체 등등 기존 한국 교육의 체제를 바꾸고자 하는 일련의 흐름이 전개되고 있다. 이대로는 안 된다는 인식, 미래교육을 위해서 어떻게든 변해야 한다는 고민을 시작으로 새로운 시도들이 전개되고 있다. 아직은 이러한 시도가 지금의 교육 현실과 동떨어진 이상적 대안에 불과하다는 저항도 있다. 하지만 시대정신은 이미 경쟁이 곧 실력이고 시장논리가 곧 효율이라는 신자유주의적 논리를 넘어서고 있다. 물론 아직도 우리 아이들이 직면해야 할 교육은 치열한 경쟁이 난무하고 누구를 이겨야 내가 사는 먹이사슬의 현장이지만, '이런 전쟁 같은 교육을 과연 얼마나 더 끌고 가야 하는가'라는 질문에 대한 책임은 기성세대가 저야 할 몫이다.

보육·양육·교육의 사회 기관화

21세기를 살아가는 우리의 삶은 녹록지 않다. 삶의 질 문제이든 단순히 먹고사는 문제이든 모두가 일을 해야 하고, 그렇기 때문에 한 가정에서 맞벌이는 이제 일반적인 경우가 되었다. 가정을 꾸리는 일 중 아이들을 돌보고 키우는 것은 가장 근본적인 문제인데, 맞벌이 시대에 이러한 보육·양육·교육의 책임이 이제 가정에서 사회 기관화되어 가는 현상이 보편적으로 나타나고 있다. 한 살도 안 되는 영아를 어린이집에 맡겨야 하고, 다섯 살이 되면 유치원에 보내고, 일곱 살부터 아이들은 학교에서 성장한다. 최근 보육·양육·교육의 책임이 사회 기관화되면서 유치원이나 학교에서 간혹 발생하는 아동학대, 학교폭력, 왕따나 부적응 등에 대한 사회적 관심이 높아지고 있다. 어린이집이, 유치원이, 또 학교가 내 아이를 잘 키우고 있는지 우려와 관심을 갖는 것은 부모로서 자연스러운 일이다. 오늘날 학부모가 '보육 혹은 교육 기관이 내 아이를 잘 키우고 있는가'라는 질문을 던지는 것은 잘못이 아니다. 하지만 그것이 과연 올바른 질문인지는 생각해 보아야 한다. 내 아이를 잘 키우는 일보다 매의 눈으로 교육 기관을 감독하고 평가하는 것은 그렇게 어려운 일이 아니다. 그런데 내 아이를 잘 키우는 일차적 책임은 여전히 가정에 있다. 마찬가지로 우리 아이들을 잘 키우는 일차적인 책임은 그 지역에 있는 것이다. 아무리 보육과 교육의 역할이 사회 기관화되었다 하더라도 그에 대한 일차적인 책임이 가정과 지역사회에 있음은 다가올 미래 사회에서도 변할 수 없는 사실이다. 이것이 가정과 지역사회의 교육적 기능과 역할이 회복되어야 할 이유다.

교육의 책임이 사회 기관화되면서 공교육은 곧 학교라는 등식이 지극히 자연스럽게 성립되었다. 때문에 한국 사회에서는 교육의 문제들을 오로지 학교 책임으로 전가하는 상황이 낯설지 않다. 학력 위주의 교육을 공교육보다 사교육에 의존하는 지금의 사회적 풍토와 현실을 차치하더라도 학교폭력, 돌봄, 심지어 방과후교육마저 학교가 책임져야 하는 상황에 대해 우리 사회는 별다른 이의를 제기하지 않는다. 하지만 생각해 보면 언제부터 돌봄이 학교의 책임이 되었고, 언제부터 방과 후After school 교육이 학교교육의 일환으로 자리를 잡았으며, 또 언제부터 학교에서 일어나는 아이들의 다툼이 학교교육의 결과인 것처럼 여겨졌나.

사실 2000년대 초반만 해도 정규수업 전후로 가정에서 돌볼 수 없는 아이들을 돌봐 주는 일이 학교의 공식적인 업무는 아니었다. 방과후교육만 해도 과거의 보충수업이나 자율학습의 개념이 아니라 지금처럼 학교가 관리하지만 외부 강사가 주도하는 문·예·체 중심의 교육활동으로 굳어진 것은 불과 몇 년이 되지 않는다. 더구나 학교에서 일어나는 아이들의 언어적·신체적 다툼을 학교폭력위원회라는 기구를 통해 학교가 책임지고 처리하는 지금의 상황은 원래 학교가 해 온 역할, 기능과는 거리가 멀다. 물론 아이들 다툼이야 과거에도 있었지만, 그때는 '교육'이라는 이름으로 문제를 해결하였다. 현재는 가해자와 피해자 그리고 쌍방의 부모들이 개입되고, 경찰과 상담 전문가 등이 참여하는 학교폭력위원회의 결정은 교육적 처분이라기보다는 일종의 사법적 판단에 가깝다. 어찌 되었든 현재 초·중등학교 교사들이 가장 꺼리는 학교 업무 중 돌봄, 방과후, 학교폭력이 단연 상위에 있다는 점은 학교가 과부가가 되고 있는 시대적 상황을 반영한다.

과연 가정과 사회는 아이들의 성장과 공교육 문제를 전적으로 학교에게만 책임 지울 수 있는가. 4차 산업혁명, 자본주의 4.0의 시대, 학교교육 제4의 길 등 시대 변화를 예측하는 다양한 담론이 제기되는 상황에서 이제는 누가 교육의 주체가 되어야 하고, 그들의 본질적인 역할과 책임이 무엇인지 다시금 고민해야 하는 절체절명의 기로에 서 있다. 미래교육을 위한 새로운 학교를 구상하고, 혁신적 교육체제를 구축하기 위한 시대적 갈망이 증대되는 만큼 다양한 교육 주체들의 참여와 역할 분담의 필요성도 함께 증폭되고 있다. 기존의 고착화된 틀, 다시 말해서 교육의 주체는 학생·학부모·교사라는 삼각의 틀에 대한 새로운 성찰이 필요하다. 지난 수십 년 동안 추진해 온 학교 변화와 개혁의 노력에도 불구하고 학교에는 여전히 많은 문제들이 산적해 있다. 교사들의 사기와 효능감은 땅에 떨어졌고, 학생들은 학교와 학원을 전전하며 피로를 몸에 달고 살아야 한다. 아무도 원치 않는 교육이 이루어지는 교육현장의 변화를 더 이상 늦출 수는 없다.

탈중심적 연대의 시작

교육의 지속가능한 발전을 위해 학생, 학부모, 교사뿐 아니라 지역 사회도 엄연한 교육의 주체가 되어야 한다는 발상의 전환이 필요한 시점이다. 교육개혁의 대상이 학교라는 단순한 논리로 지난 수십 년간 수많은 교육개혁이 추진되었다. 그 노력의 결과가 현재 우리가 처해 있는 교육 현실이라는 점을 반성적으로 살펴보아야 한다. 물론 세계가 주목하는 우리 교육의 긍정적인 부분도 있지만, 모두가 알고 있는 문제들도 산적해 있다. 이를 해결하기 위해서는 이미 과부하가 걸려 있는 학교와 교사들에게 새로운 정책과 개혁이라는 과제를 덧씌우는 접근이 아니라, 오히려 학교에 부과된 많은 제한, 의무, 부수적 업무 등을 덜어 내고, 이를 가정과 지역사회로 분산시키기 위한 교육적 연대와 협력을 강화하는 대안을 찾아야 한다.

이미 일부 지역에서는 다양한 주체들 간의 교육적 연대를 통해 지역 청소년의 성장을 도모하고 교육 현안을 해결하기 위한 공동체적이고 풀뿌리적인 접근이 활발하게 시도되고 있다. 이러한 움직임과 시도가 아직 주류적 운동성을 띠는 단계라고 볼 수는 없지만, 최근 이루어지고 있는 교육혁신의 방향성을 제시하고 변화에 대한 의지를 결집시키는 뚜렷한 추세가 존재한다. 교육을 더 이상 학교와 일부 이해 당사자들의 책임으로만 돌리는 것이 아니라 지방자치단체(이하 지자체)나 교육청, 시민단체나 재능 기부자, 마을활동가나 기업 등 지역사회에서 함께 살고 있는 모든 사람들의 참여와 협력을 전제하는 탈중심적이면서도 공동체적인 접근이 구체화되고 있다.

최근 '마을이 학교다'라는 구호와 함께 지역사회 교육공동체 구축을 위한 논의가 일어나는 것도 이러한 흐름의 일환으로 볼 수 있다.박원순, 2010; 손우정, 2012 그동안 세계화Globalization의 흐름에서 서구 사회의 일방적이고 비교우위라는 경쟁적인 관점을 기반으로 한 신자유주의적 논리와 원칙이 득세했다면, 이제는 다양한 관점과 개별적 특수성을 살리는 지역화Localization의 원리가 점차 주목받고 있다. 세계화를 위한 주류 중심의 획일화에서 다양성과 특수성을 기반으로 지역화가 이루어지고 있으며, 더 나아가 지역화와 세계화를 구분하기보다는 지역화를 통한 세계화Glocalization를 추구하고 있다. 이는 세계화를 위해 개인과 지역의 소외 혹은 희생을 강요하는 것이 아니라, 지역 산업·문화·교육·관계의 생태성을 복원하는 것이 곧 세계화라는 실천적 원리인 것이다.김용련, 2016

이러한 시대적 흐름과 패러다임 변화는 교육에도 영향을 미치고 있다. 지역사회의 참여와 자치 그리고 공유와 소통을 바탕으로 지역 청소년들을 그 지역의 시민으로 키우기 위해 노력하는 마을공동체가 종종 나타나고 있다. 학교와 지역이 교육적 파트너십을 구축하고, 아이들은 마을을 통해, 마을에 관해, 그리고 마을을 위해 학습하는 지역 사회 교육공동체가 만들어지고 있다. 미래교육의 한 지향으로 마을이 학교를 품고 교육은 마을을 담는 실천적 움직임이 마치 강물처럼 더디지만 묵직하게 진행되고 있다.

2. 교육 패러다임의 변화: 마을교육공동체의 부상

사회적 변화는 그 시대가 추구하는 교육철학이나 교육 실천의 방식에 지대한 영향을 미친다. 그동안 산업사회라는 구조적인 틀에서 벗어나서 이제는 미래 사회를 위한 다양한 접근과 시대적 흐름이 교육의 지향과 실천에 변화를 유도하고 있다. 5·31 교육개혁으로 대표되어 왔던 신자유주의적 교육에 대한 비판이 본격적으로 제기되고 있으며, 국가 경제와 산업 발전에 기여해야 한다는 교육의 목표가 이제는 지역의 발전과 민주적 시민 양성 그리고 사람들 간의 관계 공동체 형성에 기여해야 한다는 대안적 접근이 주목받고 있다. 마을교육공동체를 통해 삶과 분리된 교육에서 이제는 삶과 배움을 일치시키려는 노력이 이루어지고 있고, 학교에만 부과되었던 공교육에 대한 책임을 가정과 사회가 함께 부담해야 한다는 인식이 확산되고 있다.

1) 교육 소비자 대 민주적 시민 양성

교육시장화

신자유주의는 1980년대 영국과 미국을 중심으로 시작되어 자율과 경쟁의 원리를 바탕으로 국가를 포함한 조직 운영의 효율성을 꾀하기 위한 새로운 경제·사회 질서로 자리를 잡았다. 이러한 신자유주의에서 강조하는 개인 자유의 극대화나 시장의 자유경쟁 원리는 경제와 사회 영역뿐 아니라 교육 영역으로도 확대되어 교육의 시장화 그리고 경쟁 원리에 기반한 수월성 교육을 확대시키기 위한 노력으로 이어져 왔다. 1990년대를 기점으로 세계적으로 급속히 확산된 신자유주의 교육은 시장경쟁 원리를 공교육에 접목시켜 수월성 위주의 교육 생산성을 높이는 데 집중하였다.^{강창동, 2011}

앞서 언급했듯이 이제 학생과 학부모는 교육 소비자이고, 학교와 교사는 교육 공급자이며, 교육 소비자와 공급자가 만나는 학교는 시장이 되고, 교육이라는 가르침과 배움은 이미 교육 서비스가 되어 버린 상황이 전혀 낯설지 않다. 소비자로서 학부모와 학생들은 그들의 재화가 허락하는 만큼 교육 서비스의 질과 양을 선택할 수 있다. 학교와 학원 교육 서비스의 비교우위를 따지고 효율성과 효과성을 감안해 그것을 취사선택한다. 이러한 교육 속에서 아이들은 전인적 차원의 민주적 시민이 아니라 현명하고 슬기로운 교육 소비자로 성장하게 된다.

교육의 시장화라는 의미는 공교육의 민영화, 상품화, 영리화 등으로

특징지을 수 있다.임재홍 외, 2015 학교를 포함한 공교육 기관이 사회적 공
공재로서 그 역할과 책임을 다해야 하지만, 점차 사적 영역으로 확대
되면서 이제는 '공교육의 민영화'가 이루어지고 있다. 또한 학교라는
공교육 기관에서 이루어지는 교육활동이나 프로그램이 마치 경제적
재화와 같이 교육 소비자의 능력에 따라 선택되는 일종의 상품으로
간주되는 '교육의 상품화'가 만연해졌다. 그리고 공공기관인 학교조직
관리 및 공교육 운영을 위한 공적 지원이 이윤 창출의 효율성을 목표
로 하는 경제조직과 마찬가지로 투입 대비 산출로 평가되는 '교육의
영리화'를 초래하였다.

이러한 신자유주의적 교육은 경쟁 원리를 기반으로 한 수월성 교육
이 지속적으로 확대되는 결과를 초래하였다. 경쟁 위주의 교육을 통
해 교육현장에서는 승자와 패자를 구분했고, 학생의 서열화뿐만 아니
라 학교의 서열화가 고착화되었다. 전인적 발달보다는 학업성취 수준
에 따라 학생들을 나누고 입시 경쟁에서 살아남는 양육강식의 방법을
강조해 왔다. 신자유주의적 교육환경에서 우리는 그동안 학생들을 민
주적 시민이 아니라 교육 소비자로 키워 왔던 것이다.

최근에는 대안적이고 혁신적인 접근을 통해 교육의 시장화와 경쟁
위주의 교육 행태에서 탈피하여 교육 본질에 좀 더 접근하고자 하는
움직임이 나타나고 있다. 이러한 교육 실천이 지향하는 바는 아이들
을 합리적인 교육 소비자를 넘어서 민주적인 시민으로 키우는 데 중
점을 두는 것이다. 이러한 민주시민교육은 학습자의 자발성과 능동성
에 기반한 자기주도적 학습을 강조하며, 기능적 지식 함양이 아니라

학습자의 주체성 혹은 시민성을 강화하는 데 목표를 두고 있다.^{허영식,} 2000

2) 경쟁 위주의 교육 대 상생을 위한 교육

사회적 자본

우리 사회 교육 이슈 중 하나인 작은학교 통폐합 문제를 통해서 우리는 학교가 사회적 자본으로서 지역사회에 얼마나 큰 역할을 하고 있는지 깨닫곤 한다. 한 지역에 학교가 있을 때는 그 의미와 가치를 생각하지 못하지만, 학교가 없어졌을 때 그 지역사회가 어떻게 황폐화되고 지역 공동체가 얼마나 훼손되는지를 경험한 후에야 비로소 그 의미와 가치를 아는 경우가 있다. 학교가 있는 마을과 학교가 없는 마을을 상상해 보자. 지역에 학교가 없다는 것은 아이들이 없다는 것이고, 아이들을 낳는 젊은이들이 떠날 수밖에 없다는 것이며, 지역에 젊은이들이 없다는 것은 그 지역에 미래도 없다는 의미다. 이렇게 보면 '학교는 곧 마을의 미래'인 것이다. 학교교육을 통해 지역의 사회적 자본을 구축하기도 하겠지만, 복합적인 커뮤니티 센터로서의 학교를 통해 사람들의 네트워크(관계)와 신뢰가 축적된다는 점을 고려하면 학교는 그 자체로서 사회적 자본이기도 하다.

최근 교육 패러다임의 변화는 사회적 자본의 필요성 대두와도 연관된다. 한 사회가 질적인 변화와 성장을 이루기 위해서는 경제적 자본의 축적과 함께 사회적 자본의 토대가 마련되어야 한다. 사회적 자본은 사람들 사이의 연결망(네트워크)과 신뢰에서 비롯되는 것으로, 물적 자본이나 인적 자본과는 구분된다. 한 사회의 정치적·사회적 성숙의 척도로서 그 사회 구성원들 간의 네트워크와 신뢰의 정도를 볼 수 있다는 것인데, 다시 말해서 네트워크와 신뢰 관계가 촘촘할수록 서로 믿지 못해서 발생하는 사회적 비용을 줄임과 동시에 집단지성의 역량을 발현함으로써 질적인 변화를 꾀할 수 있다는 것이다.Coleman, 1988; Portes, 1998; Bourdieu, 1984; Lin, 2000; 김용학, 2004 사회적 자본이 없는 불신의 사회는 그만큼의 사회적 비용을 지불해야 한다. 다만 사회적 비용이란 것이 내 호주머니에서 직접 나가는 게 아니기 때문에 체감하기 어려우며, 그렇기 때문에 불신으로 인한 이익 감소와 비용 증대가 지속되는 악순환의 고리가 만들어지는 것이다.

교육도 마찬가지로 공교육에 대한 불신은 곧바로 사교육에 대한 기대로 옮겨지게 되고 당연히 그만큼의 비용(교육비)이 증가하는 것이다. 한국처럼 자녀 교육을 위해 가계 소득의 3분의 1 정도를 소비하는 나라는 흔치않다. 대부분 사교육을 위한 비용인데, 그렇다면 교육에 대한 투자에 그만큼의 효용이 따를까. 사교육비의 대부분은 학력과 대입을 위한 투자일 것이고, 모두가 가고 싶어 하는 유수 대학의 입학 정원은 변함없이 한정적이다. 모두가 극소수의 좋은 대학에 갈 것처럼 교육에 투자하지만, 대부분은 그 목표를 달성하지 못한다. 효용성이 없는 투자이자 비용의 발생인 것이다.

콜먼Coleman[1988]은 사회적 자본이 사회구조적 측면에서 구성되며 그 구조 안에서 구성원들에게 특정한 행동을 유도하는 원동력으로 작용한다고 이해했다. 다시 말해서, 사회적 자본은 지속적인 성장과 발전을 위해 한 사회가 가지고 있는 일종의 토대적 역량이라고 볼 수 있다. 퍼트넘Putnam[1994]은 사회적 자본을 상호 이익의 증진을 위한 조정과 협력을 촉진시키는 네트워크, 호혜적 규범, 또는 사회적 신뢰와 같은 사회조직의 특성을 의미한다고 주장한다. 그에 따르면, 사회 구성원들의 네트워크와 상호 신뢰, 사회 참여는 지속가능한 사회 발전의 자원으로서 역할을 하는 것이다. 따라서 사회적 자본은 한 사회(지역)의 구성원들 간의 관계망(네트워크)의 넓이와 깊이로 평가될 수 있다.김용학, 2004; Bourdieu, 1984; Lin, 2000; Portes, 1998

그동안의 경쟁 위주 교육은 신뢰와 관계망을 통한 사회적 자본을 축적하는 데 기여했다기보다는 오히려 어린 시절부터 협력보다는 경쟁, 신뢰보다는 불신, 공감보다는 이기利己, 소통보다는 단절을 학습시켰다는 비판에서 자유로울 수 없다. 사회적 자본 축적을 위한 교육의 역할은 기존의 보편적이고 전체주의적인 방식에서 벗어나, 이제는 지역성을 회복하는 데 집중해야 한다. 지역사회를 기반으로 지역사회의 상생을 위한 공동체적인 학습을 통해 지역의 사회적 자본을 축적할 수 있는 것이다. 교육이 더 이상 경쟁만을 위한 학습이 아니라 상생을 위한 공동체적 학습으로 전환해야 한다는 시대적 요구가 증대되는 추세이다.

3) 주지교육 대 생태적 학습

교육생태학적 접근

새로운 교육 패러다임으로의 전환은 근대적 교육철학인 주지주의 교육에 대한 반성에서부터 시작된다. 근대적 교육관은 서구 계몽주의에 입각해 기획된 합리성, 이성, 과학주의, 도구주의적인 사고를 기반으로 인간과 교육을 바라본다.Davis, 2014 결정론과 환원론은 이러한 과학적 세계관을 이해하는 주된 접근법이다. 모든 사회적·자연적 현상과 인간의 행위가 단선적 인과관계나 분석적 접근으로 설명될 수 있다고 보는 것이다. 이러한 믿음에 기반을 둔 근대적 교육은 합리성과 반복을 통한 지식의 획득을 강조한다. 주지주의 교육은 지식의 습득을 강조하는 교육으로, 주입식 교육의 성격이 강하다. 아울러 학교에서 이루어지는 교수-학습 방식은 교사가 교과서에 언급된 지식과 개념들을 학생들에게 일방향적으로 전달하는 데 집중한다. 때문에 암기와 기억을 위한 학습이 중심이 되며, 지식의 습득은 반복적 훈련과 연습으로 이루어진다.

반면 최근에 부각되고 있는 구성주의 교육이나 생태주의 교육은 이러한 일방향적 혹은 단선적 학습 방식에 의문을 제기한다. 구성주의 교육은 교사들이 학생들에게 일방향적으로 전달하는 지식은 제대로 된 지식이 될 수 없으며, 학생들이 스스로 생각하여 나름대로 지식을 구성할 수 있어야 한다는 인식에서 출발한다. 이러한 관점에서 '자기주도 학습'은 구성주의에 기반을 둔 학습 형태의 한 예라고 볼

수 있다.Davis, 2014

　구성주의 이후에 대두된 생태학적 관점의 교육에서는 학습자나 지식의 대상이 분리된 개체가 아니라, 서로 영향을 주고받는 관계에 있기 때문에 보다 총체적이고 상호작용적이며 맥락적인 이해의 방식이 적용되어야 한다. 이를 위해 기존의 권위와 위계에 입각한 수직적 사고가 아닌 수평적이고 탈중심적인 사고방식을 지향한다. 지식의 구성은 개인적 습득과 학습의 결과로 얻어지는 것이 아니라, 정치적·사회적·문화적 관계 속에서 형성되는 공동의 구성물로 본다.신옥순, 2007 따라서 배움의 방식은 혼자서 교과서를 통해 지식을 습득하는 것이 아니라, 주변의 사람들과 상호작용하고 사회 현상 속에서 맥락적 경험과 이해를 바탕으로 만들어 가는 방식을 취하게 된다.

　그동안 우리의 교육은 삶의 맥락과 동떨어진 교실이라는 환경에서, 상호작용이 일어날 수 없는 교과서를 매체로, 맹목적·반복적·수동적으로 암기하는 방식으로 이루어져 왔기 때문에 배움이 자신의 삶에 어떠한 관련이 있는지 알기 어려웠다. 그런데 생태주의적 관점에서 배움과 삶은 일치되어야 한다. 삶의 현장과 맥락 속에서 다른 사람들과의 상호작용을 통해 이루어지는 배움의 기회가 확대되어야 한다. 살아 있는 학습을 위해 다른 사람들과 상호작용을 통해 지식이 구성되고 학습자가 성장하는 온전한 교육을 지향한다.

4) 책무성 대 책임감

학교교육의 과부하

그동안 교육개혁의 대상은 주로 학교였다. 이에 따라 학교로 너무도 많은 사업과 업무가 들어왔고 이로 인한 책무성도 가중되었다. 학교에 과부하가 걸리고 교사들이 가르침보다는 행정 업무로 소진되어 갔다. 지원이라는 명목으로 학교에 사업과 프로그램이 들어오다 보니 이에 대한 평가와 보고는 일상화되고, 이러한 행정적 절차와 업무는 학교를 교육 본연의 역할에서 점차 멀어지게 만들었다. 이처럼 교사들이 행정적 업무로 소진되는 경우는 다른 여러 교육 선진국들의 사례에서 찾아보기 어려운 지극히 한국적인 상황이기도 하다. 교육의 변화를 위해서는 학교나 교사에게 부여된 책무성accountability이 아니라 책임감responsibility을 강조하는 시대가 되어야 한다.Hargrivs & Shirly, 2009

책무성이라는 개념은 주어진 업무를 수행하고 이에 대한 평가를 위해 행·재정적 지원을 제공한 상급 기관이나 교육 소비자에게 목표 달성의 과정을 보고report하는 것까지를 포함한다. 반면, 책임감이란 주어진 소임과 목표를 행위자가 주도적으로 완수하는 것을 의미한다. 책무성을 강조하게 되면 정해진 절차와 방법에 입각한 소임의 완수와 이에 따른 보고가 뒤따르기 때문에 업무 수행 과정이 정형화 혹은 획일화되기 쉽고, 책임을 강조하게 되면 정해진 절차와 방법에 입각하기보다는 행위자의 주도적 역할이 중요하기 때문에 자율성과 다양성이 확보될 수 있다.

최근 학교현장에서 많은 교사들이 과도한 행정업무 스트레스를 호소하고 있다. 게다가 이들이 맡고 있는 행정업무 중에서 상당 부분은 교육청, 교육지원청, 교육부 등과 같은 상급 기관에 보고하는 일로 이루어진다. 교육에 대한 책임이 아니라 책무성을 강조하면 교사들이 소진될 수밖에 없는 구조이다. 그동안 교육개혁은 효율성을 극대화하기 위한 노력의 일환으로 '평가와 지원'을 한데 묶어서 성장과 발전을 견인하는 방법으로 삼았다. 다시 말해서 평가의 결과가 우수하면 그에 걸맞은 경제적·제도적 지원이 보장되는 것이고, 그렇지 않으면 지원을 축소하거나 궁극적으로 퇴출되는 상황이 전개되는 것이다. 조직이나 개인에게 이러한 평가는 부담으로 작용할 수밖에 없기 때문에 평가에 적용되는 준거나 기준에 맞춰 조직을 재구조화해야만 한다. 교육도 마찬가지다. 초·중등학교이든 대학이든 외부 평가 준거와 척도에 맞춰 획일화된 학교, 일반화된 교육을 유지하지 않을 수 없는 구조이다. 더구나 외부 지원과 함께 정해진 교육 목표를 달성한 과정과 절차를 평가자에게 보고하는 일은 학교 본연의 업무인 교육활동을 압도하는 경우가 많다. 이러한 평가 과정에서 강조되는 것이 바로 책무성이다. 책무성이란 이처럼 주어진 목표를 달성하기 위한 노력의 과정을 평가자, 상급 기관, 혹은 교육 소비자에게 보고하는 소임까지를 포함하는 개념이다.

　　이러한 흐름이 학교평가나 교원평가, 학생평가에도 그대로 반영되어 교육을 획일화하고 교사들을 소진시키는 결과를 초래하고 있다. 하그리브스와 셜리[2009; 2013]가 『학교교육 제4의 길』에서 주장한 바와 같이 책무성을 강조하는 신자유주의 시대 교육의 목표는 '학업성취도 (성적)'에 집중된다. 학교와 교사는 주어진 교육 목표를 달성하기 위해 표준화된 방식으로 교육을 시키게 되고 그 결과를 평가받아야만 한다. 이 과정에서 그동안 교사들이 실천해 왔던 전인적인 교육은 소외될 수밖에 없다. 교사와 학교는 주어진 목표 달성에 대한 피로감과 편향된 교육으로 인한 자괴감 혹은 효능감 저하 등을 경험해야 한다.

이제는 교육의 책무성이 아니라 책임감의 시대로 전환해야 한다. 학교 행정업무의 대부분이 상급 기관에 보고하는 것이라면 이를 과감하게 줄여 나가야 한다. 대신, 학교와 교사는 그들 본연의 역할인 교수-학습 실천에 집중해야 한다. 그리고 교사들의 교육 실천을 위한 자율성과 다양성이라는 가치가 보장되어야 한다. 학교와 교사가 떠안아야할 교육적 책임이란 학교공동체가 교육철학과 목표를 공유하고, 학습자들의 성장을 도모하는 교육 실천을 전개하고 그 결과를 공동체 내에서 인정받는 것이 되어야 한다.

5) 학교교육 대 지역교육

마을교육공동체의 부상

이 시대가 요구하는 교육은 점차 교육 소비자 양성에서 민주적 시민을 양성하는 것, 관계 공동체를 통해 사회적 자본을 구축하는 것, 생태적 교육을 통해 삶과 배움을 일치시키는 것, 책무성이 아니라 책임감을 강조하는 것으로 전환되고 있다. 이러한 변화로 인해 교육현장에서 자연스럽게 나타나는 현상은 학교의 울타리가 낮아지고, 학교의 안과 밖에서 이루어지는 학습활동이 보편화되고, 지역의 교육 자원이나 인프라를 통한 배움이 이루어지는 사례들이 늘어난다는 점이다. 학교라는 울타리와 교실이라는 제한적 환경에서는 창의적 체험활동, 민주적 시민교육, 생태적 공동체 학습, 진로교육, 동아리 활동 등을 실현하기란 쉬운 일이 아니다. 이제는 지역사회 삶의 네트워크 안에서 지역의 교육환경이나 주민들과의 상호작용을 통해 이루어지는 마을교육이 점차 확산되고 있다.

최근에는 마을교육을 위해 일반자치(지방자치단체)와 교육자치(교육청)의 협력적 거버넌스가 나타나고 있고, 학교와 지역사회가 협육을 위한 공동체적 노력을 기하고 있으며, 지역교육 자원을 개발하고 이들을 연결시키고자 하는 교육공동체가 등장하고 있다. 지역과 학교의 협력을 바탕으로 한 혁신적인 교육 실천은 그동안 유지되어 온 신자유주의적 교육체제를 극복할 수 있는 대안이라는 인식이 점차 확산되고 있다.Merrian, Courtenay, & Cerverim, 2006

최근 한국 사회에서 부각되고 있는 마을교육공동체는 마을을 통한, 마을에 관한, 마을을 위한 교육 실천이자, 지역의 공동체성(사회적 자본)을 회복하고, 학교 중심의 교육체제를 바로 세우기 위한 하나의 교육운동으로 작동을 하고 있다. 초기 단계에는 일부 지역과 학교에서 마을과 함께하는 풀뿌리적 교육 실천을 '마을교육공동체'라는 이름으로 묶어 내지 못했다. 사실 지역사회를 기반으로 한 교육공동체는 2011년에 경기도교육청이 시도한 혁신교육지구사업이 심화되면서 자연스럽게 지역과 함께하는 생태적, 민주적, 참여적 교육 프로그램을 통해 본격화되었던 측면이 있다.김용련, 2014

혁신교육지구사업을 통해 일반자치와 교육자치가 유기적인 협력을 도모할 수 있었다면, 이제는 마을교육공동체를 통해 일반자치와 교육자치 그리고 교육 주민자치가 유기적으로 만나 지역사회를 하나의 학습생태계로 조성하는 노력이 결실을 맺고 있다. 물론 아직까지는 마을교육공동체의 실천에서 지역의 참여가 부수적·보조적·수단적 참여에 머무는 수준이지만, 지역의 특성과 여건에 따라 학교 안팎을 넘나들며 다채로운 마을교육 활동이 전개되고 있으며, 일방성과 편협성에서 벗어나 배움의 실천이 지역과 사회로 확산되는 긍정적인 사례들이 지속적으로 확산되고 있다.

3. 혁신교육의 흐름: 왜 마을교육공동체인가

사회적 변화에 부응하기 위해 사실 우리 교육도 나름의 노력을 기울여 왔다. 주민직선을 통한 지방교육자치제도가 본격적으로 실시되면서 다양하지만 일관된 교육개혁의 내용과 흐름이 있었다. 민주적 학교 운영과 창의적이고 자발적인 학습이 강조되었고, 이를 위한 교육과정의 재구성이 여러 학교와 교사들을 통해 이루어졌다. 2000년대 초반부터 계속된 이러한 '혁신교육'은 기존의 교육 패러다임에서 벗어나 시대적 상황과 교육에 대한 사회적 요구를 수용하며 공교육의 질적인 변화를 추구했다. 이러한 교육혁신의 흐름을 4단계로 나누어 살펴보면 대안학교의 등장, 혁신학교의 등장 및 확산, 혁신교육지구사업 추진, 마을교육공동체 구축 등을 포함할 수 있다.

1) 대안학교

우리나라에서는 1980년대부터 대안교육Alternative Education이라는 용어가 보편화되었다.홍정순, 2015 제도권 교육에서의 제한적 교육이 아닌 자유롭고 다양한 교육 경험을 제공하며 인간성 회복이라는 교육목표를 지향하는 대안교육이 관심을 받기 시작하였다. 당시 초등학생을 대상으로 하는 '광명초등학교',1992 '대구 민들레학교',1993 '자유학교 물꼬준비모임',1993 '부산 창조학교',1994 '여럿이 함께 만드는 학교'1994 등이 만들어졌고, 중등학생을 대상으로 하는 '가출청소년을 위한 들꽃피는 학교',1994 '따로 또 같이 하는 학교'1995 등이 존재하였다.박은숙, 2005

과도한 입시경쟁에 치우친 학교교육, 획일적인 교육과정에 대한 비판, 공교육에서 소외되는 학생들의 문제가 부각되면서 국가 차원에서도 대안교육에 대한 논의가 진행되었다. 이러한 사회적 분위기에 맞추어 1997년 교육부는 「초·중등교육법시행령」을 개정하면서 학생의 소질과 적성에 맞는 교육을 위한 특성화고교제도를 도입하면서, 이들 고교 가운데 각종학교 형태로서 대안교육 특성화학교를 수용하게 되었던 것이다.

대안학교는 공교육제도의 문제점을 보완하고 학교교육에 제대로 적응하지 못하는 학생, 학업을 중단한 학생, 기존 제도권 교육에 대해 다른 생각과 목소리를 지닌 학생들과 학부모들에게 다양한 교육 기회를 제공했다. 대안학교의 설립 목적은 다양할 수 있으나 많은 대안학교에서 실시되었던 교육 방식은 현장실습과 같이 체험 및 인성 위주의 교육 또는 개인의 소질과 적성을 개발하는 교육에 집중했다. 대안학교가 주목받았던 이유 중에는 학교 운영, 교수 방법, 학습과 배움의 실천 등에서 혁신적 방법과 교육 본질적인 접근이 있었기 때문이다. 예를 들면, 학교 운영 및 교과과정 편성에 학생과 학부모가 참여할 수 있고, 자연과 사회 속에서 이루어지는 맥락적이고 생태적인 교육 기회가 제공되며, 학생 중심의 배움을 위한 실천적 활동과 경험이 중심이 되는 교육을 지향했다.

박은숙[2005]은 대안학교의 특성을 다음의 세 가지로 정의했다. 첫째, 지속가능한 가치를 지향하면서 다른 인종, 민족 그리고 자연과 공존하여 살아가는 공동체적 인간 양성, 둘째, 지역사회에 뿌리내린 '작은 학교' 지향, 셋째, 학습자와 교사, 학부모 간 상호 협력적 관계를 중시하면서 교육 주체의 원상회복을 위한 노력 등을 포함하고 있다. 이러한 지향점들은 여러 대안학교들의 교육과정 운영에서 확인할 수 있다. 공동체적 인간 양성이라는 목표를 지향하고, 지역사회와 함께하는 생태적 교육을 실천하며, 이를 위한 민주적 참여를 기반으로 학교 운영을 유지하고 있다. 최근에는 이러한 교육의 대안적 접근과 실천을 제도권 교육에서도 수용해 학교와 교육의 혁신을 도모하는 노력이 이루어지고 있다.

2) 혁신학교

1990년대 대안학교로부터 시작된 교육의 변화는 2010년을 전후해 혁신학교로 이어진다. 혁신학교는 2009년 경기도에서 최초로 도입된 이후 서울 및 일부 교육자치단체로 확대되었다. 경기도는 혁신학교를 "민주적 학교 운영 체제를 기반으로 윤리적 생활공동체와 전문적 학습공동체 문화를 형성하고 창의적 교육과정을 운영하여 학생들이 자기 삶의 역량을 기르도록 하는 학교혁신의 모델 학교"로 정의하고 있다. 혁신학교는 학생들의 민주성, 윤리성, 전문성, 창의성을 키우는 데 중점을 두며, 학교의 자율성 확대와 교육청, 지자체, 지역사회 등과의 협력을 강조하고 있다.경기도교육청, 2016

서울시도 2010년 혁신학교 지정·운영 계획을 발표하고 혁신학교를 도입하기 시작했다. 서울시는 혁신학교를 "배움과 돌봄의 책임교육 실현, 학생·교사·학부모·지역사회의 교육적 요구가 서로 소통하는 참여와 협력의 교육문화 공동체"로 정의하고, 행복의 추구, 책임과 공공성, 자율과 창의, 자발과 참여, 소통과 협력 등을 주요 가치로 삼고 있다.한국교육개발원, 2013 경기(혁신학교)와 서울(서울형 혁신학교)뿐만 아니라 광주의 빛고을 혁신학교, 전남의 무지개학교, 강원의 행복더하기학교 등 다양한 명칭으로 불리고 있지만,강민정, 2013 대부분의 혁신학교는 '전인교육'을 표방하며 이를 위한 교육과정 및 수업 혁신이라는 동일한 목표를 지향한다.

혁신학교는 기존 공교육 제도의 모순과 불합리를 개선하기 위한 노력의 일환이다. 예를 들어 수월성 교육과 특권교육의 합리화에, 교육이 사회 발전을 위한 선순환적 사다리로서의 기능 상실, 경쟁사회 속 수단으로 전락한 교육, 기본권으로서의 교육받을 권리의 훼손, 행복추구 권리로서의 교육받을 권리가 무시되는 현실 속에서 교육의 본질을 되살리고 공교육의 새로운 표준을 형성하기 위한 과정이라고 볼 수 있다.강민정, 2013 따라서 혁신학교는 상대적으로 사회경제적 조건이 불리한 지역에 위치한 학교를 중심으로 지정되었고, 공동체의 성장을 강조하면서 교사와 학생 간의 신뢰 형성 및 강화, 학생 중심의 수업 진행을 중시하고 있다.백병부·박미희, 2015

강민정2013은 혁신학교 정책의 특징을 다음의 네 가지로 제시했다. 첫째, 학교 구성원의 자발성에 기초한 상향식 개혁의 지향이다. 기존의 하향식 정책 시행과는 달리 학교와 교사들의 자율성 보장을 통한 아래로부터의 개혁을 모색하는 것이다. 둘째, 총체적 접근으로 학교 단위의 개혁을 지향한다. 특정 분야나 주제가 아닌 전반적인 학교문화 개혁을 목표로 교육과정, 업무조직, 운영체계 등 학교교육의 모든 분야에서 총체적인 변화와 실험을 실시하고 있다. 셋째, 협력 중심의 교육을 지향한다. 입시 위주의 경쟁 중심 교육에서 벗어나 공동체성 회복을 목표로 일련의 교육들이 실시되고 있다. 넷째, 학생 선발에 따른 효과가 아닌 학교교육활동에 기반을 둔 효과를 지향한다. 일부 자율학교처럼 좋은 학생을 선발함으로써 학교교육의 교육력을 강화시키는 것이 아니라, 학교교육활동을 통해 모든 학생들이 교육 목표를 달성할 수 있도록 노력한다.

혁신학교의 등장은 교육적으로 다양한 의미를 지니지만, 실질적으로는 대안교육의 실천을 제도권으로 포용하기 위한 노력으로 보인다. 혁신학교에서 적용했던 교육활동이나 프로그램은 이미 일부 혁신적인 대안학교에서 실천했던 내용과 유사한 부분이 발견된다는 사실이 이를 뒷받침한다. 또한 혁신학교에서 교육과정 재편성이나 창의적 체험활동 등을 통해 아이들의 배움을 지역과 사회로 자연스럽게 연결하고, 학교 외부에 존재하는 교육적 자원과 인력을 학교 내부로 끌어들여 활용할 수 있는 발판을 만듦으로써 교육 주체의 범위를 확장시켰다는 사실에서 그 의의를 찾을 수 있다.

하지만 지난 몇 년간 특정 학교를 지정하는 모델 학교 방식으로 혁신학교 정책을 이끌어 오면서 일부 한계도 노출되고 있다. 예를 들어 혁신학교로 지정되지 않은 일반 학교는 혁신적이라 할 수 없는 것인가, 지정된 혁신학교들은 과연 어느 정도 혁신적이라 할 수 있는가, 또는 대한민국의 전체 초·중등학교 중 몇 개의 학교를 혁신학교로 지정해야 혁신교육이 이루어졌다 할 것인가 등과 같이 단위학교를 지정하는 방식으로는 혁신교육을 일반화할 수 없다는 문제 인식이 대두되고 있다. 이제는 학교 내부적 개혁과 함께 좀 더 큰 틀에서 지역사회와 함께하는 교육혁신 그리고 교육 주체의 다양화가 필요하다는 교육적 요구가 발생하고 있다. 혁신교육지구사업이나 마을교육공동체의 출현은 이러한 측면에서 보자면 자연스러운 혁신교육의 흐름이다.

3) 혁신교육지구사업

혁신학교의 성과를 일반 학교로 확산시키려는 일반화 전략은 각 교육자치단체에서 지속적으로 추진되어 왔다. 이러한 일반화 노력은 점차 지역사회와 함께하는 교육연대와 협력으로 전개되었고, 경기도는 2010년부터 혁신교육지구사업을 기획하게 되었다. 2011년에 경기도가 처음으로 도내 6개의 기초지자체와 함께 사업을 시작했고, 서울시도 일부 지역에서 진행되어 오던 학교와 지역사회의 협력 사례를 바탕으로 2015년부터 혁신교육지구사업을 본격화했다.

혁신교육지구사업은 단위학교와 지역사회가 연계해 학교혁신을 위한 공동의 사업을 진행하고, 교육청과 지자체는 이를 행정적·재정적으로 지원하는 형식을 취한다. 그동안 학교 시설 지원에 국한되어 왔던 지자체의 예산 지원 방식에서 벗어나 단위학교의 교육과정과 프로그램들을 체계적으로 지원한다는 특징을 지닌다. 특히 다양한 지원 사업과 학교 운영의 활성화 방안들은 공교육의 사각지대와 공백을 메움으로써 지자체와 단위학교가 함께 발전해 나갈 수 있는 모델을 제시하고 있다.김용련 외, 2014 이에 다양한 지역의 혁신교육지구사업은 학교와 교육청, 교육지원청, 지자체 간 협력적 교육 거버넌스를 구축하는 데 목표를 두고 있다.

구체적인 사업의 내용은 시간이 경과함에 따라 조금씩 수정되어 추진되고 있다. 경기도는 사업을 추진해 오면서 추진 방향과 목표 달성을 위한 세부 방침을 조금씩 변화시켜 왔다. 기존의 혁신학교 일반화에 집중했던 사업 목표와 달리 2013년도 사업계획서에서는 교육 거버넌스 구축, 지역사회 특성 및 인적·물적 자원의 활용, 지역사회와 학교교육을 연계한 프로그램 개발 등을 세부 방침으로 제시하면서 지역

사회를 기반으로 하는 교육공동체 구성의 중요성이 점차 강화되고 있는 경향을 보인다.김용련 외, 2014

서울시의 경우, 2012년 구로구와 금천구의 혁신교육지구사업을 시작으로 본격적인 사업 추진이 이루어졌다. 서울시 혁신교육지구는 경기도와 달리 사업 초기부터 마을교육공동체를 통한 공교육혁신을 도모함으로써 지역에 기반을 둔 교육공동체 구축이라는 인식의 토대 위에서 추진되었다. 이를 위해 교육청, 서울시, 자치구, 지역 주민, 학교의 유기적 협력체제 구축을 통한 교육생태계 조성, 인적·물적 자원의 체계적 조직을 통한 효율적인 학교교육의 지원, 지역과 함께하는 학교문화 조성 등을 구체적인 사업의 목적으로 제시했다.박상현·김용련, 2015

혁신교육지구사업의 가장 큰 의의는 학교교육과 지역사회의 삶이 선순환적 연계를 맺도록 하는 것을 목표로, 교육자치단체뿐만 아니라 일반자치단체를 교육의 주체로 자리매김했다는 점에 있다. 혁신교육지구사업은 교육자치단체와 일반자치단체가 서로 MOU를 체결하고 교육 경비나 운영비 보조와 같은 행정 부문에 국한된 지원을 넘어서서 다양한 교육과정 운영과 공교육 혁신 방안 지원 등 교육의 본질적인 부분에 대한 투자를 강화하고 유기적인 연계체계를 강화하고자 하는 것이다.

4) 마을교육공동체

학교와 지역의 연계를 지향하는 혁신교육지구사업이 점차 성숙되면서 나타나는 현상 중 하나는 사업의 이름은 혁신교육지구이지만 그 내용과 실천은 마을교육공동체를 추진하고 있다는 점이다. 그렇기 때문에 전국적으로 확산되고 있는 혁신교육지구사업의 주된 목표가 '마을교육공동체 구축'에 있음을 확인할 수 있다. 앞서 언급한 경기도와 서울시뿐만 아니라 전국의 혁신교육지구사업이 해를 거듭할수록 그 목표와 지향점이 지역사회와의 연계라든지 마을교육공동체 구축에 집중되고 있다. 결국 혁신교육의 최근 흐름이 닿아 있는 지점이 '마을교육공동체'인 것이다.

마을교육공동체 구축은 교육에 대한 사회적 책임을 학교에만 부과할 것이 아니라, 지역과 주민들에게까지 확대할 것을 요구한다. 학교, 지역사회, 지자체와 교육청 등을 포함한 다양한 교육 주체들이 연대하고 참여함으로써 교육을 위한 지역의 토대적 역량(사회적 자본)을 강화하고, 이를 바탕으로 지역교육생태계를 건강하게 만드는 선순환적 구조를 만들어야 한다. 마을교육생태계 안에서 아이들은 마을에서 배우고 마을의 주민으로 성장하게 된다.^{김용련, 2015} 이러한 의미에서 마을교육공동체는 그동안 배움의 과정이 '교실'이라는 공간에 국한된 것을 이제는 지역 혹은 마을이라는 '사회적 맥락'으로 옮겨 놓은 풀뿌리적 접근이다. 마을교육공동체는 탈맥락화된 교육을 삶이라는 맥락으로 옮겨 놓는 계기를 만들고 있다.

마을교육공동체의 핵심은 학교의 울타리를 낮추고 학생들에게 마을을 통한 교육, 마을에 관한 교육, 마을을 위한 교육의 기회를 제공하는 것이다. 이는 교육에 대한 지역의 참여와 협력이 전제되지 않는다면 이루어질 수 없다. 기존 혁신교육지구사업이 일반자치와 교육자치의 만남을 이어 주었던 계기였다면, 지역사회를 기반으로 하는 교육 공동체 움직임은 일반자치와 교육자치 그리고 주민자치의 만남을 이어 주는 계기를 만들어 가고 있다. 이러한 흐름이 지속가능하려면 앞으로 마을교육공동체를 통해 민과 관, 지역과 학교가 유기적으로 연대하고 신뢰할 수 있는 지역의 교육적 역량을 강화해야 한다.

왜 마을교육공동체인가?

우리 시대의 교육은 더 이상 학교만의 문제가 아니다. 아무도 원치 않는 교육이 일상화된 현실을 개선하기 위해 그동안 많은 정책적 노력들이 학교로 쏟아졌고, 그 결과로 학교는 뜯어고쳐야 할 대상으로 전락하고 말았다. 하지만 교육을 시장의 서비스로 만든 것이 혹은 경쟁 위주의 교육이 이토록 팽배해진 것이 학교의 책임은 아니다. 설사 교육시장화와 경쟁 중심의 교육이 학교라는 공간에서 벌어진다 해도 이는 학교가 잘못 가르쳐서가 아니라 이 사회가 조장한 결과이다.

내 아이를 올바르게 자라게 할 일차적인 책임은 가정에 있듯이 우리 아이들이 올바르게 자라게 할 일차적인 책임은 이 사회와 지역에 있다. 아무도 원치 않는 교육이 이대로 계속된다면 그 책임은 올곧게 우리 사회가 져야 할 몫이다. 그렇다면 이러한 우리의 교육 현실을 어떻게 풀어 나가야 할까. 결국은 뭉쳐야 한다. 연대와 공동체는 이제 시대적 화두이다. 복잡다기한 시대에 혼자서 풀 수 없는 일을 이제는 집단지성으로 맞서야 한다. 우리가 함께해야 하는 이유는 개인으로서 약하기 때문이기도 하지만 모여서 만들어지는 상승(시너지)효과가 있기 때문이다. 여럿이 모여서 만들어 내는 상승효과가 곧 공동체의 힘이자 지역의 역량이다. 국가의 교육력이 있듯이 지역에도 교육력이 있다. 마을교육공동체는 궁극적으로 지역의 교육적 역량을 강화해서 그 지역의 주민들을 주체적 시민으로 성장시키는 것이다.

이제 교육 문제의 해결을 위해 발상의 전환이 필요한 시점이다. 지난 수십 년간 교육 문제를 풀기 위해 학교개혁에 치중해 왔다면, 이제는 시선을 돌려 지역사회가 어떻게 학교와 상호작용하고 마을의 환경을 어떻게 배움의 기회로 만들어야 할지를 고민해야 한다. 이를 위해 학교와 지역, 민과 관, 기업과 시민, 교육청과 지자체 모두가 함께하는 교육 연결망을 구축해야 한다. 그리고 그 연결망 안에서 유기적이고 생태적인 상호작용을 통해 배움이 이루어지고, 그 배움의 결과는 경쟁을 통한 우열이 아니라 상생을 통한 공진화로 나타나야 한다.

마을교육공동체가 되어야 하는 이유는 미래 사회에서의 배움이 참고 인내해야 하는 고통의 과정이 아니라 만나고 부대끼며 새로움을 만들어 내는 창의적이고 관계적 과정이 되어야 하기 때문이다. 마을교육공동체에서의 이와 같은 배움은 주민으로서 따라야 할 의무라기보다는 시민으로서 누려야 할 권리가 되는 것이다.

II.

마을교육공동체의 개념

1. 마을에 대한 이해: 시간, 공간, 인간, 그리고 이야기

가. 지역교육공동체 대 마을교육공동체

마을교육공동체를 이야기할 때 아직까지 정리되지 않은 쟁점 중 하나는 과연 '마을교육공동체냐' 아니면 '지역교육공동체냐'이다. 또 다른 쟁점은 공동체共同體라는 표현의 긍정성과 부정성에 대한 것이다. 먼저 마을과 지역이라는 표현에서의 쟁점을 살펴보자. 마을교육공동체는 학교와 지역사회의 연계를 도모하고 관계성에 근거해 교육적 역할을 강화하고자 하는 풀뿌리적인 실천의 흐름에서 보다 익숙한 표현이다. 반면에, 평생교육의 관점에서 지역 주민들을 대상으로 지역사회가 품어 왔던 교육적 기능과 역할을 강조하는 입장에서는 지역교육공동체라는 표현을 더욱 선호하는 경향이 있다. 학교와 지역사회의 연계, 지역사회가 담고 있는 교육에 대한 사회적 기능을 강화한다는 측면에서 보자면 두 표현은 지향점이 같기 때문에 어떠한 표현을 사용하더라도 무방할 것이다. 단지 최근의 흐름과 운동성을 반영하기 위해서는 다소 간의 의미 차이를 짚어 볼 필요가 있다.

지역과 마을

'지역'이라는 표현은 행정구역상의 구분으로 마을이라는 개념보다는 범위가 크고 체계적인 의미가 강하다. 그렇기 때문에 정책적이고 학술적인 접근이 더 수월해지는 측면이 있다. 최근 혁신교육의 한 흐름인 '혁신교육지구사업'을 통해 우리가 경험한 바는 '지역교육을 위해 이제는 교육자치와 일반자치가 유기적으로 협력할 수 있다는 점이고, 더 나아가 주민자치와 협력해 소위 말하는 교육 거버넌스를 구축해야 한다는 점'이다. 이처럼 지역교육을 위해 민·관·학이 협력하는 공동체적 접근이라는 측면에서 보자면 지역교육공동체라는 명칭도 충분히 적합한 용어다. 정책적 기획과 의도가 더욱 분명히 드러나는 표현인 것이다. 마을교육공동체가 좀 더 현장에서 이루어지는 실천적 의미를 갖는다면, 지역교육공동체는 제도적인 의미를 잘 드러내는 표현이다. 따라서 중앙정부나 일반자치의 행정적이고 제도적인 협력을 도모하는 차원에서는 지역교육공동체라는 명칭이 보다 적합해 보인다.

반면, '마을'이라는 단어는 마치 '고향'이라는 표현에서 느끼는 일종의 서정성과 심리적 편린을 품고 있다고 보아야 한다. 지역이라는 표현보다 마을이라는 단어가 주는 느낌은 좀 더 정서적이고 개인적인 관계성에 근거하고 있다. 때문에 지역의 환경이나 사람들과의 상호작용을 통해 지역과 함께했던 교육 실천의 사례들은 마을교육공동체라는 표현을 자연스럽게 사용하며, 그러한 실천 속에서 '우리'라는 심리적 정체성을 유지하곤 한다. 이처럼 마을이라는 표현에 내재된 정서적·개별적 특성이 강한 만큼 그 실천의 정형성이나 체계성이 떨어지는 것도 사실이다. 최근까지도 마을교육공동체를 위한 실천이 산발적, 개별적으로 전개되고 있고, 이를 체계화하려면 또 다른 노력이 필요하다. 현재와 같이 마을교육공동체의 초기적 실천을 지속가능하게 하기 위해서 좀 더 체계적이고 학술적인 접근이 이루어져야 한다. 어찌 되었든 마을이라는 표현은 사람들 간의 심리적·사회적 연대에 토대한 구분인 만큼 현재 이루어지고 있는 마을교육의 실천성과 운동성을 잘 반영하는 개념이다.

공동체의 원심력과 구심력

공동체에는 일종의 원심력과 구심력이 작용한다. 공동체를 만들고 운영하는 과정에서 항상 나타나는 분리와 이탈, 왜곡과 불신과 같이 공동체를 해체시키고 와해시키는 속성(원심력)을 경험할 수 있다. 반면, 지치고 힘들지만 '우리'라는 정체성과 문화가 공유되고 모두를 위해 희생하는 리더십이 발현되어 공동체 결속을 강화시키는 속성(구심력)도 확인할 수 있다. 이러한 관점에서 '공동체'라는 표현에 대한 숙고도 이루어져야 한다. 전제적·전체주의적인 사회를 경험한 집단들은 이 표현의 이중성을 알고 있다. 다시 말해서 '우리'라는 사람들의 묶음은 서로 간의 심리적·사회적 혹은 경제적 연대를 의미하지만, 동시에 타자에 대한 구분이나 배척을 의미하기도 한다. 공동체의 구성원끼리는 '우리'라는 결속력을 가질 수 있지만, 이방인에 대한 폐쇄성도 가질 수 있는 것이다. 이렇게 되면 전체 사회가 다양한 이해집단이나 결사체 등으로 파편화되는 부작용이 발생할 수 있다. 이러한 이유로 옆나라 일본에서는 공동체共同體라는 표현을 즐겨 쓰지 않고, 커뮤니티 community라는 외래어를 차용해서 쓴다. '커뮤니티'에는 공동체라는 단어의 부정적 의미가 느껴지지 않기 때문에 정책이나 법령 같은 공식적인 표현에서도 그대로 차용하고 있다.

그런데 한국 사회에서 최근에 사용되고 있는 '공동체'라는 표현에 타인과 다른 집단에 대한 배타나 배척이라는 부정적 의미가 부각된다고 보기는 어렵다. 우리 사회에서 산업화가 한창인 시대에 공동체라는 단어가 자주 사용되지는 않았다. 도시화로 사람들 간의 관계성이 약해지고, 개발로 지역성이 파괴되면서 공동체라는 표현은 점차 잊혀 갔던 것이다. 그러다 1990년대 이후 급속한 경제적 발전이 숨 고르기에 들어가고 문화적·사회적 성숙에 대한 자성이 확산되면서 우리 사회는 사회적 자본의 필요성을 절감하게 되었다. 그리고 국가 발전을 위해 희생해야 했던 개인과 지역들은 이제 지역의 발전 없이는 국가의 발전도 없다는 것을 깨닫기 시작했다.

이에 따라 서로의 관계성을 회복하고 지역성을 찾기 위한 실천적, 연대적, 자생적 흐름이 나타나면서 자연스럽게 마을공동체라는 표현이 확산되고 있다. 이러한 흐름에서 보자면, 현재 사용되는 공동체라는 단어는 '우리'라는 연대의식이 전체주의적 관점에 기반을 둔 집단적 폐쇄성을 넘어서 사람들 간의 신뢰적 관계를 의미하는 개념으로 사용되고 있다. 따라서 '마을공동체'라는 표현은 타자에 대한 배타와 배척이라는 부정적 의미보다는 관계성 회복이라는 시대적 의미를 반영한다고 볼 수 있다.

하지만 우리가 간과해서는 안 될 부분이 현재의 마을교육공동체 실천에서도 이미 '우리'라는 집단적 결속이 강해지면서 외부 환경과 단절된 '우리들만의 마을' 혹은 '우리들만의 공동체'가 나타나는 경우가 있다. 마을공동체의 전국적인 사례로 유명세를 타고 있는 지역도 막상 가 보면 불과 8m 폭의 도로를 구분으로 옆 동네와는 별다른 교류가 없는 '우리들끼리의 생활공동체'를 유지하는 경우, 전국적으로 소문난 혁신적인 학교이지만 다른 학교들과의 교류가 없어 혁신교육의 효과가 단절되는 경우, 훌륭한 프로그램을 운영하고 있는 마을학교이지만 지역의 삶과 연결되지 않은 이름뿐인 마을학교 등과 같은 경우마저도 공동체라는 표현이 적합한지 고민해 봐야 한다. 모든 것은 정체되면 썩게 되어 있다. 살아 있는 생태계처럼 외부 환경과 상호작용하지 않는다면 공동체도 폐쇄적 집단으로 전락할 수 있다는 점을 염두해 두어야 한다. 단순히 우리라는 연대적 관계성뿐만 아니라 유기성과 자생성이 담보된 생태적 공동체가 필요하다. 공동체의 유연성과 생태성을 유지하기 위한 느슨한 연대의 힘(원심력)과 구성원을 결집시키고 공동체를 공고히 하는 결속(구심력) 간의 조화가 중요하다.

실천과 운동으로서의 마을교육공동체

결론적으로, 이 책에서는 주로 마을교육공동체라는 표현을 사용하고자 한다. 자생적 실천과 운동성에 기반을 둔 마을교육이 지속가능해야 하며, 관계성과 지역성, 그리고 생태성을 담보한 공동체를 활성화시켜야 한다는 시대적 요구에 부응하기 위해서다. 앞서 설명했던 사회적·교육적 변화와 이에 따른 혁신교육의 진화 등을 통해 우리가 경험하고 있는 현재의 마을교육공동체는 시대적 상황을 반영하는 하나의 교육 패러다임이다. 대안교육에서부터 시작된 최근의 교육혁신을 이끌고 지탱해 온 원동력은 정책적 기획이었다기보다는 학교와 지역에서 보여 주었던 풀뿌리적인 실천이었다. 마을교육의 실천이 지닌 이와 같은 현장성과 운동성이 더욱 지속되어야 하고, 이를 위한 정책적 기획이라는 측면도 이제는 현장의 흐름과 분리되어서는 안 된다. 더불어 이러한 풀뿌리적인 실천의 근간에는 학교혁신을 넘어서 지역사회 교육혁신이 함께 이루어져야 하며, 이를 위해서는 교육적 관계성을 회복하고 교육에 대한 신뢰를 구축하고자 하는 마을교육공동체에 대한 열망이 자리 잡고 있는 것이다.

세계 많은 나라들에서도 학교와 지역사회의 교육적 역할이 재정립되면서 이들 간의 협력을 강조하는 추세가 뚜렷하게 나타나고 있다. 일본뿐만 아니라 유럽이나 북미 국가들에서 지역사회가 학교를 품고 보육과 교육을 위한 지역 공동의 책임을 강조하고 있다.

이러한 세계적인 추세 속에서도 우리의 마을교육공동체 실천은 남다른 부분이 있다. 그 어느 곳과 비교해 보아도 훨씬 역동적이고 활발하고 다채롭다. 우리만의 특색이 두드러지다 보니 요즘은 외국의 학자나 실천가들이 한국의 사례를 탐방하고 연구하는 경우가 빈번하다.

다만 우려되는 점은 우리 마을교육공동체 흐름의 지속가능성이다. 그동안 추진되었던 여느 교육정책이나 사업과 같이 몇 년 후면 사라지는 교육 프로그램이 되어서는 안 된다. 현장에서 자생적으로 싹튼 실천성과 운동성을 훼손하지 않고 우리만의 생태적 마을교육공동체를 만들어 나가는 지혜가 필요하다.

나. 마을에 대한 이해

'우리가 살아가는 이 시대에는 마을도 없는데 무슨 마을교육공동체인가' 혹은 '대도시 아파트촌에서 도대체 어떤 마을을 이야기하는가'라는 도전적 질문을 듣곤 한다. 우리가 살고 있는 지역을 마을이라 부르기도 어려운데 마을교육공동체를 만들자고 할 수 있을까. 서울의 강남처럼 빌딩숲으로 둘러싸인 곳이 마을공동체가 될 수 있을까. 이런 본질적인 의문이 드는 것은 당연한지도 모른다. 그렇지만 지역의 터전, 시간과 역사, 그리고 사람들로 인해 만들어진 이야기가 있다면 그곳이 어디든 마을이 될 수 있다. "당신은 어떤 동네에 사세요?"라는 질문에 행정구역상의 동洞 이름과 지번地番을 말하는 것이 아니라, 동네의 특성과 문화, 살아가는 사람들의 이야기를 소개할 수 있다면 그곳은 어디든 마을이 될 수 있다.

마을의 의미와 범위가 정형화될 수는 없다. 사람마다 환경에 따라, 상호작용의 범위에 따라 유동적으로 변할 수밖에 없는 개념이다. 한 지역이라도 경우에 따라서는 마을과 동네의 개념을 달리할 것이다. 그런데 지역마다 시간적, 공간적, 관계적 차원에서 '우리'라는 정체성을 토대로 한 심리적·문화적 경계가 존재하고, 이러한 경계는 다른 지역과 구분되는 한 마을의 고유한 생활공동체 특성을 공유하게 된다. 마을이라는 개념은 시간과 공간, 인간, 그리고 그러한 것들이 서로 어우러져 만들어 내는 그 마을의 고유한 이야기를 통해 생각해 볼 수 있다.

3간 그리고 이야기

1) 시간

하나의 마을은 그들이 살아왔던 선조들의 역사, 삶의 방식, 문화 등을 공유한다. 다른 마을과 구분되는 그들만의 전설이나 이야기가 있다. 예를 들어 충남 논산시에 행정구역상 지명이 '명암리'인 곳이 있다. 울 명鳴 자에 바위 암巖 자를 써서 명암리인데, 이곳의 원래 명칭은 '울바우'였다. 그 지역에 전해 내려오는 '우는 바위의 전설'에 따라 지어진 고유한 우리말 지명이다. 경기도 서종면에는 일제강점기에 연유된 '애기봉'이라는 언덕이 있는데, 그곳 초등학교 학생들은 마을 어르신들에게 그 이름이 붙여진 연유를 들으며 자란다.

이처럼 한 지역이 마을이란 이름의 생활공동체가 되려면 시간의 흐름을 통해 이어져 내려오는 그 지역의 역사와 전통, 규범 등을 공유해야 한다. 하버마스가 이야기하는 '생활세계'도 이처럼 전통과 규범이 공유되는 마을공동체와 같은 의미를 갖는다. 지역의 주민들이 의사소통에 참여할 수 있어야 하고 이를 통해 과거의 전통과 규범을 공유하게 되며, 더 나아가 대화와 상호작용을 통해 새로운 가치와 규범을 조정할 수 있는 생활공동체가 마을의 의미일 것이다. 하버마스는 이와 같은 의사소통과 상호작용을 공동체의 연대성과 원동력을 확보할 수 있는 수단으로 보았다.현기철, 2008 한 마을이 되려면 그 지역의 시간적 흐름 속에 나타난 역사와 문화, 전통과 규범 등과 같은 공유된 삶의 방식이 있어야 한다.

2) 공간

마을이라는 공간적 의미는 산, 강, 길, 구조물 등에 의해 구분되기도 한다. 자연적·지리적 여건에 따라 마을의 범위는 달라질 것이다. 누구는 마을이라는 범위를 심리적으로 해석할 수도 있다. 예를 들면 사람들끼리의 관계를 토대로 '우리 마을'의 범위를 결정할 수 있다. 혹은 사람들 간의 관계를 맺어 주는 구심체가 존재할 수도 있다. 예를 들면 학교가 그런 구심체의 역할을 할 수 있는데, 일본에서는 전통적으로 한 소학교(초등학교)에 자녀를 입학시키는 지역적 범위를 마을로 이해하고 있다. 학교를 마을의 중심으로 보고 그곳에 자녀를 보내는 지역까지 한 마을이라고 생각하는 것이다. 이제는 일본도 인구절벽이라는 시대적 상황을 마주하면서 마을의 개념이 초등학교 기준에서 중학교 기준으로 점차 바뀌어 간다고 한다.

일단 마을이라면 주민들이 일상적 삶을 통해 지속적으로 상호작용이 이루어지는 이웃이라는 개념이 공유되어야 할 것이다. 지역의 문제를 서로 상의하고, 공동 대처하면서 공동의 노력을 기울일 수 있는 생활공동체가 형성되어야 한다. 그리고 마을은 지역 현안을 논의하고 해결하기 위해서 사람들이 모일 수 있는 공간과 시설을 공유하게 된다. 예를 들면 과거 우리 농산어촌에 있었던 마을회관이라든지 일본의 공민관(최근에는 커뮤니티 센터) 등은 마을의 모임을 유치하는 장소였다. 사람들은 그러한 모임을 통해 마을의 유대를 강화했다.

마을이라는 생활공동체에는 최소한 사람들이 공유하는 공동의 시설과 공간이 확보되고, 이로 인해 주민들 간의 연대와 결속을 다지는 지리적 경계가 존재하며, 이를 통해 지역의 정체성과 유대성을 존속시켜 나간다. 예를 들면, 학교, 회관, 문화·체육시설, 공원과 같이 공동의 공간과 시설에서 지역의 축제, 모임, 회의, 공동작업 등을 공유하는 공간적 경계를 마을의 범위라고 할 수 있다. 이러한 범위는 행정구역상의 구분일 수도 있겠지만, 하버마스^{현기철, 2008}가 주장하는 사적인 생활 영역으로서 주민들 간의 의사소통을 위한 네트워크의 경계라고 볼 수도 있다.

3) 인간

세상에 그 어느 누구도 같은 사람은 없지만, 한 마을에 살다 보면 서로가 서로를 닮아 가는 속성이 있다. 오랫동안 같이 살다 보면 얼굴은 달라도 같은 생각을 하게 되고, 비슷한 행동을 하게 되고, 비슷한 말씨와 미소를 지니게 된다. 개개인의 특색이 있지만 한 마을 사람들의 공통점이 만들어진다. 국내외에서 성공적으로 운영되고 있는 마을교육공동체를 탐방하다 보면, 그곳 사람들의 생각이나 말 심지어는 웃는 모습도 비슷하다는 것을 발견하곤 한다. 생태계의 특성상 자기조직화self-organization를 위해 서로가 닮아 가는 자기유사성self-similarity을 띠는 것이다. 자기유사성은 생태계 내의 작은 단위들이 서로 닮아 가려는 속성인데, 자생성이 있는 생태적 마을공동체에서도 이러한 속성을 발견할 수 있다. 공동체 구성원들이 서로가 서로를 닮아 가는 경향이 있어서 그들의 생각, 논리, 행동, 생활방식 등이 유사해지고, 이러한 유사성이 확대되면 마을 사람들끼리 '우리'라는 공동체 문화로 성장하게 된다.

이처럼 마을공동체라는 의미는 상호작용을 통해 사람들끼리 서로의 유대성과 동질성을 가지고 있어야 한다. 이러한 유대적 관계를 바탕으로 공공의 이익을 증진시키고 그들의 삶을 유지해 나가는 사람들의 집합이 마을공동체인 것이다. 하버마스의 생활세계를 구성하는 요소 중 하나도 이와 같은 구성원들의 주체성이다. 사회적 네트워크와 공론의 장에서 구성원들은 공공의 이익을 증진시키고 연대를 만들어 가는 주체가 되어야 한다. 정주의식이 없는 이방인들이 함께 있다고 해서 마을이 될 수는 없다. 마을에는 서로 비슷한 생각과 행동을 하는 주체적인 사람들이 있어야 하고, 이들을 통해 마을의 지속가능성을 유지해 나간다. 살고 있는 지역에 대한 주체성이란 지역의 현안을 해결하기 위해 구성원들이 가지는 책임과 권한을 의미한다. 지역 현안을 해결하기 위해 함께 모여야 할 필요성을 공유하고, 그에 대한 의사결정의 책임과 권한을 가지고 있는 사람들의 집합체가 우리 마을의 기준이 된다.

4) 이야기

지역의 공간, 시간, 인간의 구성 요소들이 서로 어우러지면 마을의 이야기가 만들어진다. 세상에는 이야깃거리가 풍성하여 소개할 것이 많은 마을이 있고, 그렇지 않은 마을이 있다. 마을공동체가 잘되는 곳에 가 보면 그곳 사람들은 이방인에게 소개해 주고 싶은 마을 이야기를 많이 가지고 있다. 마을의 역사, 볼거리, 환경, 행사, 사람 이야기 등 온갖 일들이 벌어지고 그러한 이야기들로 재미가 넘쳐난다. 그만큼 사람들끼리 상호작용이 활발히 일어나고 있다는 증거다. 반면 그 지역을 소개해 달라는 요청에 행정구역상 어디에 위치해 있으며, 인구나 산업 구조는 어떠하다는 객관적 사실 외에 소개할 바가 없는 마을도 있다. 이는 그 마을의 공간, 시간, 인간들의 상호작용이 없다는 것이며, 그래서 마을의 문화나 삶의 방식도 무미건조하다는 것이고, 지역의 공동체성이 약하다는 것을 의미한다.

간혹 마을교육공동체를 하고 싶은데 무엇부터 어떻게 시작해야 하는지 모르는 경우가 있다. 쉽게 생각하면 동네의 이야깃거리를 만드는 일부터 시작하면 된다. 마을에 있는 이야깃거리를 찾는 것도 중요하고, 주민들이 상호작용하여 어떠한 일을 만드는 것도 중요하다. 그러한 이야기가 주민들 입에 오르내리면 사람들의 참여가 늘어나고, 그러면 마을의 이야깃거리는 더욱 풍성해진다. 이러한 선순환적인 재생산이 일어나면 자연스럽게 다른 지역 사람들의 관심을 받게 되고, 그러다 보면 그 사람들이 우리 동네를 마을공동체라 부를 것이다.

시흥 참이슬아파트 마을, 서울 공릉동 청소년문화정보센터, 의정부 몽실학교, 전북 완주 마을공동체, 서종면 세월초등학교, 일본 벳푸의 마을 만들기 등 최근에는 무수히 많은 마을공동체 사례들이 생산되고 있으며, 이들의 이야기를 듣는 것은 즐거움이자 훌륭한 학습이라는 생각이 저절로 든다. 생태적 마을공동체에서는 사람들의 삶과 배움과 노동(일)이 함께 어우러진다. 삶터와 배움터, 일터가 일치되는 마을공동체에서는 축제, 동네 아이들의 배움, 지역의 만남과 나눔, 사람, 자연 등 모든 것들이 이야깃거리가 될 수 있다. 마을이라는 시간과 공간, 인간들의 묶음을 통해 풍성한 이야깃거리를 만드는 것이 마을을 하나의 생태적 공동체로 성장시키는 첫걸음이 된다.

일본 벳푸의 어느 실천가와의 대화에서 우리 시대의 자화상을 엿볼 수 있었다. 한국의 연구진이 일본 마을 만들기 탐방 차 온천으로 유명한 벳푸를 찾아가 그 지역 실천가의 도움을 받은 적이 있었다. 일정을 마치고 저녁 식사 시간에 이런저런 대화를 나누다가 연구진 중 한 박사가 이렇게 질문을 했다.

"이곳(벳푸)은 참 훌륭합니다. 더구나 많은 소재들을 가꾸고 개발해서 마을 만들기를 실천하는 모습이 정말 감명적이었습니다. 우리 서울은 너무 개발이 되어서 이제 마을 만들기 할 만한 소재가 없습니다." 이 말을 들은 벳푸 실천가는 대뜸 화를 내면서 "내 눈에는 잘 보이는데 왜 당신 눈에는 안 보입니까"라고 일침을 놓았다.

우리는 지금 무엇이 소중한지, 무엇이 우리 것이고 또 무엇이 가치로운지, 정작 잘 모르고 있다. 마을교육공동체를 만들려고 하는데 무엇부터 시작해야 할까? 새로운 것을 개발하기보다는 있는 것을 발굴하는 것이 먼저다. 어디든 사람 사는 곳이라면 그곳에 얽힌 이야기들이 있다. 우리의 삶의 모습과 맥락에 의미를 부여하고, 이들을 서로 연결해 주는 것이 바로 마을교육공동체의 시작이다.

2. 지역사회 기반 교육공동체

가. 교육공동체의 의미

교육공동체의 개념은 참여 주체, 역할, 교육 내용과 방법 등에서 어느 것 하나 고정되어 있지 않다. 다양한 영역에서 나름의 목표를 가지고 여러 사람들이 함께하는 교육공동체는 그들만의 고유한 특성이 있기 때문에 단일한 의미로 정의하기가 쉽지 않다. 그래도 우리 사회에서 일반적으로 쓰이는 '공동체'라는 보편적 특징과 원리를 교육공동체에 적용함으로써 그 의미를 좀 더 구체화할 수는 있을 것이다. 일반적으로 공동체라 하면 자유의지에 의해서 결합되고, 공통의 가치와 규범의 공유를 통해 결속되는 개인들의 집합을 말한다.노종희, 1998 제도적으로 규정되는 인간의 형식적인 조직이나 사회society와 달리 공동체community는 상호 신뢰와 헌신에 기초하여 문화적, 정서적, 가치적, 규범적, 목적적 일체감을 공유하는 인간의 집합이라고 할 수 있다.

이러한 일반적 접근을 교육공동체에 적용해 그 의미를 정의하고자 하는 연구들이 있다. 이종태[1999]는 교육공동체를 교육에 대한 공유된 가치와 신념으로 구성된 집단이 그들의 가치와 신념을 구현하기 위해서 '우리'라는 감정을 통한 유대감과 친밀감을 가지고 사회적 응집력으로 협동하는 것이라고 정의했다. 또는 교육공동체를 교육현장을 매개로 결합하여 교육 주체가 형성되는 관계망의 총체라는 큰 틀로 이해하기도 했다.[염기형, 2003] 특히 학교의 공동체성을 강조하면서 학교가 이제는 공식 조직formal organization에서 공동체community로 전환되어야 한다는 주장이 있다.[Sergiovanni, 1994] 학교가 계약관계로 이루어진 조직gesellschaft이 아니라 공동체gemeinschaft로서 가치, 감정, 신뢰를 핵심으로 하는 '우리'의 개념이 강화되어야 한다는 것이다.

교육공동체와 관련해 신현석[2006]은 세 가지 관점에서 그 개념과 범위를 정리했다. 첫 번째는 '학교'를 교육공동체 그 자체로 이해하는 관

[그림 II-1] 교육공동체의 범위

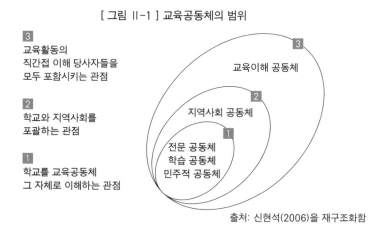

3
교육활동의
직간접 이해 당사자들을
모두 포함시키는 관점

2
학교와 지역사회를
포괄하는 관점

1
학교를 교육공동체
그 자체로 이해하는 관점

3 교육이해 공동체

2 지역사회 공동체

1 전문 공동체
학습 공동체
민주적 공동체

출처: 신현석(2006)을 재구조화함

점이다. 학교의 구성원인 교육행정가, 교사, 직원, 학생 등이 공동체의 일원으로서 공동의 목적을 이루기 위해 서로 협력해 나가는 교육공동체의 단위로 학교를 이해하는 것이다. 두 번째로, 학교의 교육적 외연을 확대해 지역사회의 교육적 기능을 포괄하는 교육공동체로서 '지역사회 공동체'를 들고 있다. 이 관점은 학교와 지역사회와의 협력 관계에 초점을 맞추며, 학부모 참여, 구성원들 간의 협력, 의사결정 구조의 분권화, 공동체 구성원의 참여에 의한 학교 단위 책임 경영제 등이 관심의 대상이라고 할 수 있다. 세 번째로, 공식적인 교육활동의 직간접 이해 당사자들을 모두 포함시키는 관점으로 '교육이해 공동체'에 대한 접근이다. 이 관점에 입각하면 학교의 교직원과 학생은 물론이고 학부모, 지역사회, 정부기관, 기업에 이르기까지 사회의 각 구성 주체들이 맡아야 할 교육적 기능을 공동체라는 틀 안에서 서로 연대시키고자 하는 것이다.

나. 교육공동체의 구성

교육공동체 범위에는 지역뿐만 아니라 학교와 이들의 교육적 활동을 지원하고 협력하는 공적 영역이 있다. 학교, 지역사회, 공적 영역이 하위 공동체로서 유기적인 상호작용이 이루어지면 비로소 지역사회를 기반으로 하는 교육공동체가 형성될 수 있다. 지금까지는 학교와 지역사회의 공생이라든지 일반자치와 교육자치의 협력이 제대로 이루어졌다고 보기 어렵다. 그동안 각 교육 주체들이 서로 각자의 역할에만 치중하고 지엽적인 연대를 유지해 왔다면, 앞으로 학교를 포함해 지역

사회가 하나의 유기적 교육공동체가 되기 위해서는 각 주체들이 상호
작용하여 서로를 상승시키는 시너지 효과를 극대화해야 한다. 이러한
세 가지 하위 공동체로 이루어지는 지역사회 기반 교육공동체를 도식
화해 보면 그림과 같다.

[그림 II-2] 지역사회 기반 마을교육공동체 모형

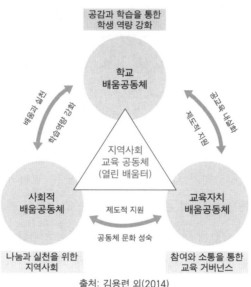

출처: 김용련 외(2014)

학교공동체

학교는 학생들이 공동체의 일원으로서 가져야 할 가치, 철학, 신뢰
등을 가르치고, 정의적·인지적·신체적 발전을 도모하는 교육 기관으
로 하나의 학습공동체가 되어야 한다.Sergiovanni, 1994 학교공동체의 기
본 가치는 배움을 통한 학생 역량 강화가 되어야 한다. 교과 지식에

관련된 공부가 이루어지기도 하지만, 민주적 시민교육을 통한 공동체 구성원으로서의 공감과 상호 이해의 배움을 실천해 나가야 한다. 교사와 교사, 교사와 학생, 학생과 학생 사이에 이루어지는 상호작용, 구성원들의 민주적 참여로 학교라는 조직은 하나의 배움공동체가 될 수 있다. 학교가 하나의 배움공동체로 거듭나려면 구성원들 간에 서로 공감이 이루어지고 이들이 참여하는 다양한 학습모둠이 활발해져서 협동적 학습과 실천적 배움의 기회가 확대되어야 한다.

공감을 바탕으로 하는 다양한 소공동체는 구성원들 간의 활발한 토의와 협력적 활동을 진행하게 되고, 이는 자연스럽게 자발적 학습으로 발전한다. 이와 같이 공감으로 시작해 학습으로 이어지는 배움공동체는 궁극적으로 학생들의 역량 강화를 목표로 한다. 배움 중심의 학교공동체를 구축하기 위해 교사와 교사 또는 교사와 학생들이 서로 공감의 원리를 이해하고, 소공동체 내에서 구성원 간에 이해와 공동의 정체성을 확립해 나가는 과정이 필요하다. 이러한 공감과 학습을 바탕으로 하는 학교공동체에서는 학생들의 배움이 순차적으로 지역사회 배움터로 확장하게 된다. 학교에서 이루어지는 교육은 다분히 인지적 학습이 주된 방법이 될 것이다. 학생들의 이러한 인지적 학습은 지역사회 배움터에서 다양한 실천과 경험을 통해 비로소 학습역량으로 강화된다. 이를 위해 학교는 지역사회와 다양한 학습 네트워크를 구축해야 한다.

서지오바니Sergiovanni[1994]는 이러한 학교공동체 구축 원리를 다음과 같이 제시하고 있다.[김용련, 2014; 박상현·김용련, 2016] 첫째, 학교공동체에서 중요한 것은 참여 주체들의 자발적 참여와 기여commitment 혹은 헌신이다. 공동체 형성에서 참여 주체들의 자발적 참여는 가장 기본적인 요소라고 할 수 있다. 학생들은 그들의 공동체 학습을 실천하는 데 적극성과 자발성을 가져야 한다. 협동학습, 문제해결을 위한 프로젝트 중심 학습, 학생자치 활동 등 최근의 교육적 실천들은 학생들의 자발적 참여에 기초하는 경우가 많다. 또한 교사들의 자발적 참여도 중요하나. 배움 중심의 통합적 교육과정을 설계하고 협동적 교수 방법을 적용하기 위해서는 교사들이 서로 학습하고 실천하는 적극적 참여를 기울여야 한다.

둘째, 공동체적 가치, 감정, 신뢰를 공유함으로써 '우리'라는 정체성을 구축하고 서로에 대한 공감 능력을 회복해야 한다. 이러한 공동체적 가치와 감정, 신념 등을 공유하고 공감함으로써 서로 간의 신뢰가 구축될 수 있는 것이고, 이를 통해서 학교공동체의 모든 구성원이 상생과 발전을 기대할 수 있는 것이다. 또한 이러한 '우리'라는 공동체적 연대감은 학생들뿐만 아니라 모든 구성원들에게도 적용되어야 할 원리이다. 교사 간의 독립성을 넘어서 서로의 교육적 신념과 철학 또는 학생 지도의 경험 등을 공유하여 동료성을 회복하고 협력적인 교육 실천을 도모했을 때 비로소 학교공동체가 구축될 수 있는 것이다.

셋째, 학교공동체가 구성원 간의 정서적 정체성을 확립하기 위해 '우리'라는 공유된 가치를 유지해야 하는 한편, 교육적 실천을 위해서 학교공동체는 그들이 처해 있는 상황, 지역, 구성원들의 특성 등에 따라 다양성이라는 원리가 존중되어야 한다. 배움공동체로서 학교는 구

[그림 II-3] 서지오바니(Sergiovanni)의 학교공동체 개념도 재조직화

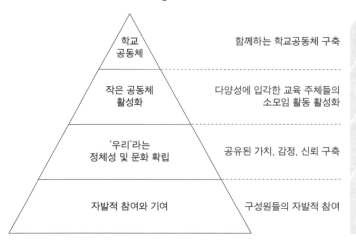

학교 공동체	함께하는 학교공동체 구축
작은 공동체 활성화	다양성에 입각한 교육 주체들의 소모임 활동 활성화
'우리'라는 정체성 및 문화 확립	공유된 가치, 감정, 신뢰 구축
자발적 참여와 기여	구성원들의 자발적 참여

성원들의 상호작용을 바탕으로 하는 모두의 배움을 지향하기 때문에 하나의 틀에 규정되는 교육 방법이 존재할 수는 없다. 교육 목표, 실천 방법, 구성원들의 역할과 참여 방식 등 모든 교육적 측면이 학교의 특성, 구성원들의 차이, 학교환경의 상황과 여건 등에 따라 다양성을 갖게 된다. 따라서 학교공동체의 교육 목표와 방법이 다양성을 담보하기 위해서는 구성원들의 전문성을 인정하고, 구성원 간의 차이와 다름을 존중하는 포용의 공동체 문화를 구축해야 한다.

넷째, 학교가 하나의 배움공동체로 거듭나기 위해서는 다양한 참여 주체들을 엮어 내는 다양한 소모임과 팀을 활성화해야 한다. 학교라는 커다란 공동체는 다양한 작은 공동체들로 구성되고 운영되는 것이다. 따라서 자기조직화의 원리가 적용될 수 있도록 작은 공동체들 간의 상호작용과 유기적인 연대가 활발히 전개되어야 하고, 이를 통해

학교 전체가 자생성을 가진 하나의 교육공동체로 발전해야 한다.

종합하면 학교공동체를 구축하기 위해서는 구성원들의 자발적 참여와 기여가 활발히 전개되어야 하고, 이와 함께 학교가 지향하는 교육비전과 공동체적 가치를 공유하여 그 학교만의 정체성을 확립해야 한다. 또한 교육 실천을 위한 교육과정과 방법의 다양성을 존중하며, 각각의 소모임들이 활성화되고 이들의 상호작용을 통해 자기조직적인 공동체 문화와 실천을 도모해야 한다.

사회적 배움공동체

지역사회 배움공동체의 기본 가치는 '나눔과 실천을 위한 지역사회'를 구축하는 것이다. 이를 위해 지역의 학부모와 시민단체와 같은 시민 영역, 사회적기업과 같은 사적 영역, 교육청이나 지자체와 같은 공적 영역 등 다양한 공동체 구성원 모두가 교육의 주체가 되어야 한다. 그리고 그들의 재능과 자원을 나누고 공유함으로써 지역의 학생과 주민들이 교육적 역량을 강화하고 집단지성을 창출할 수 있도록 지역의 교육환경과 여건을 조성해야 한다. 공유경제의 논리와 마찬가지로, 지역공동체에서 개인이나 기관이 보유한 교육적 재능과 자원을 다른 구성원들과 공유하면 그 활용과 가치는 증폭된다.

사회에 산재해 있는 교육적 기여와 헌신 혹은 희생 등이 공동체 교육을 위한 자원이자 기회로 환원되는 선순환적 시스템을 구축하는 것이 지역사회를 하나의 생태적 교육공동체로 만드는 조건이다. 이를 위해서 지역의 인적·물적 교육 인프라를 발굴하고 지역 주민 역량을 강화해야 한다. 지역사회의 이러한 토대적 역량이 강화되었을 때 이를 바탕으로 학생들은 학교에서 습득한 가치지향적 배움을 그들의 삶과 현실 속에서 적용해 봄으로써 자신의 미래를 설계하는 역량으로 승화시키게 된다. 이렇게 성장한 아이들이 궁극적으로 그 지역의 주민이 되면서 비로소 지역사회 기반 배움의 공동체라는 생태적 선순환적 구조가 완성될 수 있다.

학교에서의 배움을 지역사회로 확장하려면 다양한 학교 밖 배움터가 개발되어, 이들이 하나의 사회적 교육 기관 혹은 사회적 교육 플랫폼platform으로 작동하게 만들어야 한다. 이때 사회적 배움터는 학생들이 그들의 배움을 실천하고 심화시킬 수 있는 다양한 시설, 기관, 프로그램 등을 포함한다. 예를 들어 지역에 산재해 있는 자연환경에서부터 청소년 문화 시설, 주민센터, 소방서, 사회적기업, 공장, 시장, 박물관, 민속촌, 연극 프로그램, 진로개발 센터 등에 이르기까지 학생들의 역량을 강화시키는 데 기여할 수 있는 지역사회의 모든 요소를 일컫는다. 지역사회에 이러한 교육적 환경과 인프라가 조성되면 학교는 지역사회와 다양한 관계망을 통해 상호작용하게 된다. 이런 과정들로 인해 지역을 통한, 지역에 관한, 지역을 위한 교육이 이루어지게 되며, 학생들뿐만 아니라 모든 구성원의 집단역량을 강화시킬 수 있는 상생의 공동체 문화를 만들어 나가게 되는 것이다.

지역사회가 하나의 사회적 배움공동체가 되기 위해서는 해당 지역의 다양한 요소들이 상호 유기적으로 작동을 해야 한다. 배움공동체 구축을 위한 조건들로는 지역 주민들의 공동체 의식과 문화, 주민들의 자발적이고 민주적인 참여, 지역사회의 교육 인프라 발굴 및 구축, 지역에 관한 교육을 위한 교육 콘텐츠와 프로그램 개발, 그리고 지역교육 거버넌스 체제 등을 포함할 수 있다.

첫째, 지역사회를 하나의 사회적 배움공동체로 탈바꿈하기 위해서는 모든 구성원들이 공동체에 대한 명확한 인식과 문화, 더 나아가 제도적인 장치를 마련해야 한다. 이는 달리 말해서 지역사회 구성원들의 교육 주체화라고도 이야기할 수 있다. 지역의 학교, 주민, 학생은 물론이고 지역사회 산업체, 관공서, 시민단체 등 다양한 집단이나 조직이 지역교육의 주체가 되어 공동의 책임과 권한 그리고 역할을 공유해야 한다.

둘째, '교육 주체들의 민주적 참여'가 전제되어야 한다. 오늘날은 학교교육만으로 학생들의 전인적 성장과 민주적 시민으로의 발달을 도모한다는 것이 사실상 불가능한 사회이다. 학생들을 지역사회의 삶 속으로 적극 참여시키는 과정에서 배움의 역량이 강화되고 민주시민의식을 배양할 수 있는 교육적 기회를 제공해야 한다. 또한 이러한 배움은 비단 학생뿐 아니라 학부모나 지역 주민들에게도 확대 적용되어 모두가 교육 주체가 되는 교육공동체를 형성해야 한다.

셋째, '지역사회 교육 인프라 발굴 및 구축' 방안을 모색해야 한다. 이미 지역사회에는 다양한 교육 시설과 공간 그리고 학습 교재들이 산재해 있다. 이러한 교육적 인프라를 활용하여 학교공동체에서 담아낼 수 없는 교육적 영역을 지역사회가 책임져야 한다.

넷째, '지역교육 프로그램 개발'이 적극적으로 이루어져야 한다. 지역사회의 문화, 역사, 가치관, 산업, 자연환경 등 모든 영역이 배움의 주제와 내용이 될 수 있기 때문에 학습 내용으로서의 지역화를 이루어야 한다. 사회적 배움공동체의 역할은 학생들의 배움을 학교 교실 안에서 지역사회로 확장시키는 것이다.

다섯째, '지역교육 거버넌스 체제'가 구축되어야 한다. 지역교육을 위해 교육 수체들이 참여하는 교육자치 거버넌스 체계는 사회적 배움 공동체의 지속가능성을 높일 수 있는 사회적 장치이다. 교육공동체가 지역 주민들을 중심으로 자발적으로 발생하는 특징이 있다 하여도 이의 효율적인 운영과 발전을 위해서는 '지역교육 거버넌스' 체계를 구축하는 것이 바람직하다. 이를 위해 지역 주민들의 민주적 참여가 전

[그림 Ⅱ-4] 사회적 배움공동체 구성 요소

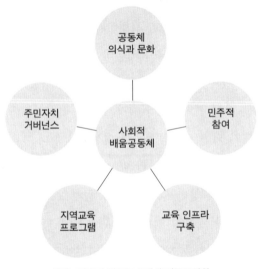

출처: 김용련 외(2014)에서 재구조화함

제되고, 지역교육 거버넌스는 학생들의 배움과 역량의 강화가 이루어질 수 있도록 행정적 지원과 예산을 확보해야 한다.

이러한 구성 요소들이 유기적으로 작용했을 때 비로소 배움이 일어나는 지역사회 교육공동체를 만들 수 있는 것이다. 그림은 사회적 배움공동체의 구성 요소들을 요약적으로 보여 주고 있다.

교육자치 공동체

교육자치 공동체를 위한 기본 가치는 '참여와 소통을 통한 교육 거버넌스' 구축이다. 지역사회를 기반으로 하는 교육공동체를 구축하기 위해서는 학교와 지역사회의 연대만으로는 불가능하다. 이를 지원하고 이끌어 줄 수 있는 자치적인 교육 거버넌스 토대가 있어야 하며, 이를 위한 구성원들의 민주적이고 협력적인 참여가 이루어져야 한다. 교육 공동체 참여 주체인 교육청, 지자체, 지역사회가 협치를 통한 제도적 지원뿐만 아니라 공동체적 리더십을 발휘해 교육공동체 문화를 성숙시키고 더 나아가 공교육의 내실화를 도모할 수 있어야 한다.

지방자치 시대를 맞이하여 교육뿐만이 아니라 일반 사회 영역에서도 분권과 협치를 위한 다양한 노력들이 전개되고 있다. 분권을 위한 자치단체 간의 협력과 권한 이양이 중요해지고 있으며, 협치를 위한 주민참여의 중요성도 점차 부각되고 있다. 자치적 교육 거버넌스 체제는 일반자치와 교육자치의 유기적 만남에 더해서 주민자치와의 결합이 이루어졌을 때 비로소 완성될 수 있다. 전국적으로 확산되고 있는 혁신교육지구사업을 통해 일반자치와 교육자치의 결합이 이루어졌다면, 이제는 마을교육공동체를 통해서 주민자치와 만나야 한다. 교육 거버넌스를 통해 마을교육공동체를 구축할 수 있는 한편, 마을교육공동체를 통해 교육 거버넌스를 실현시킬 수 있다. 이러한 선순환 구조의 의미는 교육 주민자치를 위한 가장 낮은 수준의 실천 단위가 마을교육공동체이고, 마을교육공동체에 대한 참여가 곧 교육 거버넌스라는 것이다.

이를 위해 교육청과 지자체의 유기적 관계가 심화될 필요가 있다. 교육청의 교육 전문성과 행정력 그리고 지자체의 행·재정적 자원은 두 기관이 협력적 교육 거버넌스 체계를 공고히 할 수 있는 핵심적 동력이다. 더불어 주민자치를 통한 현장 중심성이 강화되고 실천력이 가미되었을 때 협치를 위한 교육 거버넌스가 이루어질 수 있다. 지역사회를 기반으로 한 교육공동체의 구성 요소로서 협력적인 교육 거버넌스 체제에 대해서는 다음 장에서 좀 더 자세하게 살펴볼 수 있다.

지역사회를 기반으로 하는 교육공동체는 이처럼 학교공동체, 지역사회 배움공동체, 교육자치 공동체의 유기적 결합이 전제되어야 비로소 만들어질 수 있는 것이다.

다. 교육공동체의 기본적 가치

어떠한 형태이든 지역사회를 기반으로 하는 교육공동체는 교육에 대한 공통의 신념과 가치를 공유하는 사람들의 묶음이다. 그 구성원들이 그들의 믿음을 실현시키기 위해 서로 협동하고 상호작용하면서 '우리'라는 정서적 친밀감과 연대를 강화하게 된다. 그 결과로 공육共育

과 공생共生을, 더 나아가 공진화共進化를 이루는 유기적이고 생태적인 공동체가 형성된다. 이러한 교육공동체가 지속가능하려면 몇 가지 기본적 가치가 공유되어야 한다.

첫째, 교육공동체를 구축하기 위해 구성원들의 자발성이 필요하다. 교육공동체는 그 구성에서 참여자들의 자율성과 자발성에 기초해야 한다. 공식적 조직이나 사회와 달리 공동체의 태생은 지극히 자연 발생적인 속성을 지니게 된다. 외부적 기획과 지원에 기초한 교육공동체는 그 지원이 끊기면 생명을 다하는 한계를 가질 수밖에 없다. 교육공동체 구성원들이 서로의 다양성을 존중하는 가운데 활발한 상호작용을 통해 서로의 이견을 좁히고 합의에 도달하는 자율적 과정을 통해 공동체가 성숙되고 유지될 수 있는 것이다.

둘째, 참여를 위한 탈중심성이 전제되어야 한다. 민주적 교육공동체를 만들기 위해 모든 구성원들의 평등한 참여와 기회의 보장이 중요한 원칙이 되어야 한다. 일반적인 조직의 구조가 수직적이고 위계적인 특성을 가지고 있는 반면, 공동체의 구조는 수평적이고 유연한 구조를 가지고 있다.정영수, 2004 기존의 교육정책이 관官 주도의 중심성에서 벗어나지 못했다면, 마을교육공동체는 모든 참여 주체 간의 관계가 일부가 주도하는 중심성에서 벗어나 평등하고 민주적인 과정에 입각한 탈중심적 연대를 기초로 해야 한다.

셋째, 교육공동체가 추구하는 또 다른 가치는 느슨한 연대이다. 공동체 구성원들 간의 연대(네트워크)는 다양성과 차이에 대한 인정과 존중으로부터 시작된다. 공동체라 하여 모든 구성원들이 똑같은 생각과 행동을 해야 한다는 가정은 오히려 편협하고 전제적인 발상이다. 나와 다른 타자와의 교류를 통해 서로의 차이를 확인하고 이를 좁혀 가는 학습적 노력이 공동체 결속의 밑바탕이 되어야 한다. 어느 사회에서든 공통의 이해집단이 결속력이 강해지면서 외부에 대한 배타와 배척이 강해지는 사례는 어렵지 않게 볼 수 있다. 마크 그라노베터^{Mark} _{Granovetter, 1983}가 강조하는 '느슨한 연대의 힘'이라는 개념이나 생태적 자기조직화의 원리도 이와 같이 공동체의 힘과 지속가능성을 결정하는 요인은 강한 결속력이라기보다는 구성원들 간의 유연함에 있다. 차이를 인정하고 상호 신뢰했을 때 구성원 간의 연대가 강화될 수 있다._{Nixon, 2011} 이러한 인정과 신뢰 그리고 연대는 소외되고 낙오되는 구성원을 최소화할 수 있는 상생의 공동체를 만들기 위한 필수적인 조건이다.

넷째, 자치를 위한 책임감이다. 교육공동체 구성원 간에 합의된 사안에 대해서는 책임감을 가지고 성실하게 임해야 한다. 교육공동체를 유지하고 그 목적을 달성함에서 중요한 구조적인 논리는 '자치'이다. 외재적 간섭에도 공동체의 정체성을 유지시키고 수평적 참여로 민주적이고 자치적 운영을 지속하려면 각 구성원이 지닌 서로에 대한 책임감을 강화해야 한다. 따라서 지역사회, 학교, 학부모, 공무원 등 모든 구성원들과 주체는 합의된 교육적 목표와 이의 실천에서 책임감과 소명의식을 갖고 각자의 역할을 수행해야 한다.

다섯째, 학습을 통한 지속가능성이다. 교육공동체가 소기의 목적을 달성하고 그 지속성을 확보하려면 각 구성원의 전문성 신장이 하나의 전제 요소가 되어야 한다. 교사로서, 지역 전문가로서, 학교 행정가로서, 학부모로서 또는 교육 지원자로서 각각의 주체는 끊임없는 학습을 통해 시대적 변화를 준비하고 스스로의 전문성을 함양해 나가야 한다. 이러한 학습이 없다면 자생적인 교육공동체로서 지속적인 성장 가능성은 불투명해질 수밖에 없다. 따라서 교육공동체에서의 학습은 비단 학생만이 아니라 모든 주체를 대상으로 하는 집단지성의 강화라는 차원에서 이루어져야 한다. 이와 같이 교육공동체가 추구해야 할 가치로 구성원의 자발성, 주체 간의 탈중심성, 느슨한 연대, 자치를 위한 책임감, 그리고 학습을 통한 지속가능성 등을 들 수 있으며, 이러한 가치를 바탕으로 교육공동체 문화를 만들어 가기 위해서는 개인으로는 달성할 수 없는 집단지성의 힘을 발휘해야 한다.

3. 마을교육공동체란 무엇인가

가. 마을교육공동체의 실천적 의미

앞서 언급한 교육공동체에 대한 이론적 접근도 가능하지만 마을교육공동체가 이루어지는 실천 현장에서 경험하는 이해는 다를 수 있다. 삶과 배움이 분리될 수 없듯이 마을교육공동체가 이루어지는 실천적 상황은 보다 현실적이고 생태적이다. 마을이 하나의 학습생태계가 되면 언제, 어디서나, 그리고 누구와도 배움이 일어나게 된다. 배움이 학교라는 틀에서 정체되거나 고립되는 것이 아니라, 지역사회의 환경과 맥락 속에서 끊임없는 상호작용을 통해 학습자 스스로 경험하고 실천함으로써 배움이 이루어지는 것이다. 이러한 배움의 장으로서의 마을교육공동체는 '마을이 아이들을 함께 키우는 것', '마을이 아이들의 배움터가 되는 것', 그리고 '아이들을 마을의 주인(시민)으로 키우는 것'으로 실천될 수 있다.김용련, 2015

마을이 아이들을 함께 키우는 것

마을이 아이들을 함께 키운다는 것은 지역의 교육 주체화를 의미한다. 최근 들어 여러 지역에서 '마을이 학교다'라는 문구가 걸린 대형 현수막을 어렵지 않게 볼 수 있다. 그러한 표현은 그 지역의 아이들을 키우는 역할과 책임이 더 이상 학교에만 부과될 수 없다는 현실적인 변화를 반영한다. 지역의 아이들을 올바르게 키우기 위해서는 지역사회 전체가 나서야 한다. 지역의 모든 주민이 아이들을 위한 교사가 되고, 친구가 되고, 관찰자나 조력자가 되어서 공교육에 대한 공동의 권한과 책임을 져야 한다. 지역 주민만이 아니다. 지역의 공공기관, 사회단체, 기업, 작은 공동체 등이 교육의 방관자가 아니라 책임자로서 역할을 해야 한다.

마을이 아이들을 함께 키운다는 의미는 사람들의 참여와 실천을 전제하는 것이다. 다시 말해서 교육에 대한 공동의 권한과 책임을 실천하려면 교육에의 참여가 바탕이 되어야 한다. 교육을 위한 지역사회의 참여는 크게 세 단계, 즉 소극적 기부나 기여, 적극적 협력, 그리고 자치적 참여로 나누어 볼 수 있다.

첫째, 최근 부각되고 있는 재능기부는 일반 주민이나 학부모가 그들의 다양한 직업적, 사회적, 문화적, 재능을 학교나 학교 밖 시설에서 아이들에게 나누어 주는 교육적 활동이다. 이러한 활동을 통해 지역 주민이 아이들을 위한 교육자로서의 역할을 수행할 수 있다.

둘째, 이러한 재능기부 활동을 넘어서 일부 지역의 주민이나 학부모들은 교육협동조합을 만들어 학교 밖에서 아이들의 돌봄과 방과후교육을 책임지는 사례가 나타나고 있다. 지역사회에서 아이들이 안전하게 배울 수 있도록 지역 어른들이 교육적 관심과 배려를 실천하는 것이다. 때로는 교육 시민단체, 사회적기업 등을 조직해 지역의 교육, 복지, 생활 등에서 지역 아이들 성장을 위한 광범위한 활동을 전개하고 있다.

셋째, 의사결정을 위한 자치적 참여이다. 지금까지 지역 주민과 학부모들이 교육적 의사결정 과정에 참여할 수 있는 기회는 지극히 제한적이었는데, 이제는 이들뿐만 아니라 학생, 지자체, 시민단체 등 여러 교육 주체들이 좀 더 다양한 경로와 방법으로 마을교육을 위한 정책적·제도적 의사결정 과정에 참여하고 있다. 마을이 아이들을 함께 키운다는 것은 이처럼 다양한 방법으로 지역이 마을교육의 주체가 되는 것을 의미한다.

마을이 아이들의 배움터가 되는 것

마을을 아이들의 배움터가 되는 것은 교육 공간과 환경 그리고 자원에 관련한 것이다. 교육공동체를 구축하려면 지역사회는 아이들을 위한 하나의 배움터가 되어야 한다. 마을이 아이들의 배움터가 된다는 의미는 그 지역사회가 가지고 있는 교육적 자원과 인프라를 적극적으로 활용하는 것을 말한다. 진정한 교육공동체는 아이들이 학교뿐만 아니라 마을의 자연, 사회, 삶 속에서 살아 있는 배움을 실천할 수 있는 교육적 기회와 공간을 제공하는 것이다. 오늘날 우리 사회가 지향하는 교육은 경험주의를 넘어선 구성주의와 생태주의적인 교육이다.Davis, 2004; 2006 이러한 교육관에 의하면 아이들의 배움은 단순한 지식의 암기로 이루어지는 것이 아니라, 사람들과의 상호작용과 공감, 자연과 사회적 맥락 속에서 이루어지는 지식의 실천적 구성, 종합적 역량을 바탕으로 한 문제해결 등의 과정을 통해 이루어지는 것이다.

이러한 관점에서 보자면, 지역사회에 산재해 있는 문화적·역사적 공간, 자연생태계, 농장, 시장, 공공기관, 기업 등 많은 기관과 장소들이 아이들을 위한 배움터가 될 수 있다. 마을을 배움터로 조성하기 위해서는 두 가지 단계적 노력이 필요하다.

첫째는 교육적 자원과 인프라 발굴이다. 우리는 종종 우리 마을의 의미 있는 공간, 이야기, 사람, 시설 등이 유효한 교육적 자원이자 인프라가 될 수 있다는 점을 간과하곤 한다. 이러한 자원들을 발굴해 내고 교육적으로 개선하여 교육 프로그램으로 발전시키는 과정이 필요하다.

둘째는 교육적 자원과 인프라 간의 네트워킹을 통한 환경적 조건을 만드는 것이다. 지역사회에는 이미 교육적 역할을 담당하는 다양한 기관이나 자원이 존재한다. 이들은 지역사회 아이들을 위한 비슷한 역할과 활동을 하면서도 서로를 잘 모르는 경우가 종종 있다. 또한 교육적 자원이 중복적으로 지원되면서 여전히 소외되는 아이들도 많이 있다. 문제는 이러한 교육적 자원과 인프라가 네트워킹이 되어 있지 않다 보니 자원의 활용과 배분에서 비효율적인 구조가 상존하는 것이다. 따라서 마을을 아이들을 위한 배움터로 조성하려면 이러한 교육적 자원과 인프라를 발굴하고 이들을 연대시키는 노력이 필요하다.

지역의 주민을 시민으로 키우는 것

마을교육공동체의 목표는 소박하다. 아이들을 마을의 주민으로 키우는 것, 그리고 주민을 시민으로 성장시키는 것이 마을교육공동체의 궁극적인 목표이다. '주체적인 동네 사람'을 키우기 위해 필요한 것이 마을교육공동체이다. 하지만 '세계화globalization와 지역화localization가 다르지 않고glocalization, 지역사회의 올바른 주민의식이 세계시민의식과 다르지 않다'라는 측면Nixon, 2011에서 보자면 동네 사람을 키우는 마을교육공동체의 목표는 결코 소박하다 할 수 없다. 우리 동네에서 훌륭한 주민은 세계에서도 역시 훌륭한 시민이 될 수 있다는 것이 마을교육공동체 실천의 믿음이다.

교육공동체라는 이름으로 자기중심적이고 폐쇄적인 동호회, 친목회, 결사체 등은 어디에서든 발견할 수 있다. 하지만 진정한 마을교육공동체가 되기 위해서는 그들의 교육적 신념과 실천의 긍정적 영향이 다른 지역과 공동체로 확산될 수 있도록 열려 있는 구조가 되어야 한다. 이를 통해 지속가능성을 증대시켜야 하고, 그 결과는 지역의 아이들이 민주시민으로 성장하고 지역사회에 정주하는 것으로 나타나야 한다.

마을을 기반으로 하는 교육공동체의 목표는 학생들에게 그 지역에 대한 다양한 내용을 실천적 방법으로 학습시키고, 그들의 학습역량과 정의적 발달을 도모하여, 그 결과가 다시 지역사회로 환원되는 선순환적 구조의 지역공동체를 구성하는 것에 있다. 이때 학습의 결과가 지역사회로 환원된다는 의미는 그 지역사회에서 교육받은 아이들이 지역의 발전을 위한 주인의식을 발휘하는 주민으로 성장하는 것을 의미한다. 결국 마을교육공동체의 궁극적인 목표는 지역의 아이들을 그 지역의 민주적인 시민으로 성장시키는 것이다.

공동체적 배움과 실천을 통해 마을을 하나의 생태적 공동체로 발전시키려면 학생들의 배움이 기초학력의 신장은 물론이고, 그 지역사회의 공동체적 가치와 문화, 민주적 시민의식 등에 관련한 종합적 역량을 키우는 것을 포함해야 한다. 이러한 종합적 역량을 강화하기 위한 '마을을 통한, 마을에 관한, 마을을 위한' 공동체적 교육 방법이 학교 안과 밖에서 실천되어야 한다.

나. 마을교육공동체의 시대적 의미

교육운동이자 사회운동

과거에도 학교와 지역사회의 협력이라든지 지역사회에서 이루어지는 교육적 활동은 지속적으로 전개되어 왔다. 최근의 마을교육공동체가 과거의 그것들과 다른 점은 과거에는 관이 주도하는 기획과 정책적 의도에 의해 지역사회 교육이 이루어졌다면, 지금은 사회에서 벌어지는 시대적 흐름과 함께 자연스럽게 전개되고 있다는 점이다. 최근 우리 사회뿐만 아니라 전 세계적으로 일어나는 사회적 경향은 '지역균형과 상생' 혹은 '협력과 공유'라는 표현으로 압축될 수 있다. 예를 들면 오늘날 우리 사회에서도 확산되고 있는 흐름이 지역균형발전, 마을 만들기, 지역재생, 마을공동체 등과 같은 것이다. 또 한편으로는 사회적 경제, 협동조합, 공유경제, 골목길 자본론 등과 같은 유사한 흐름들이 만들어지고 있다.

마을교육공동체도 이와 같은 사회적·시대적 변화와 궤적을 같이하는 교육적 흐름이다. 학교와 지역의 상생을 도모하고 지역의 교육적 역량을 강화하는 것이기 때문에, 그 시작 단계에서는 일종의 교육운동으로 여겨져 왔던 것이 이제는 더 큰 변화를 위한 사회운동으로 확대되고 있는 것이다. 마을교육공동체는 단위학교의 혁신에 국한되는 것이 아니라 지역사회의 교육적 역량을 강화하기 위한 것이다. 지역은 그들의 현안을 자구적으로 해결할 수 있는 토대적 역량을 내재하고 있는 곳과 그렇지 못한 곳으로 구분될 수 있다. 교육공동체를 위한 네트워크가 활성화되어 있거나, 사람들끼리의 신뢰 혹은 학교에 대한 신뢰가 두터울수록 교육에 대한 지역의 토대적 역량은 강하다고 볼 수 있다.

마을교육 자본의 축적

사회적 자본을 구축하기 위한 사람들 간의 관계를 개선하고 신뢰를 회복하는 공동체적이고 생태적인 접근이 마을교육공동체에서도 똑같이 나타나고 있다. 마을교육공동체 구축을 통해 우리가 기대할 수 있는 것은 지역의 교육력을 향상시키는 것이다. 사회에는 사회적 자본이라는 토대적 역량이 존재하듯이, 지역의 교육력은 그 지역사회가 가지고 있는 교육적 네트워크와 신뢰를 기반으로 하는 토대적 역량에 의해 결정된다. 마을교육공동체는 이러한 마을교육 자본을 통해서 강화되기도 하지만 한편으로 마을교육 자본을 축적하기 위한 참여와 실천의 토대가 되기도 한다.

마을교육공동체가 가지는 시대적인 의미도 이와 같이 교육을 위시로 한 지역의 관계 공동체를 복원하고 교육적 신뢰를 회복해 지역사회를 하나의 학습생태계로 만들기 위한 노력이라는 점이다. 이러한 관점에서 마을교육공동체가 궁극적으로 지향하는 바는 학교혁신을 넘어서 마을교육 자본을 확충하고 이를 통해 지역의 역량을 강화하여 지속가능한 발전과 상생을 도모하는 것이다.

다. 마을교육공동체의 미래적 의미

조직에서 네트워크의 시대로

앞으로의 시대는 조직이 아니라 네트워크가 중요시되는 사회가 될 것이다. 그동안 산업화 시대를 거치면서 사회는 효과적이고 효율적으로 문제를 해결하기 위해서 조직을 만들었다. 국가, 정부, 기업, 그리고 학교와 같은 조직은 목표가 있고 이를 달성하기 위해 일사불란하게 작동하는 메커니즘을 선호해 왔다. 하지만 미래 사회를 준비하는 많은 기업들은 이미 조직을 유연화시키고, 수평적 구조로 전환하고, 전사적 팀제로 바꾸면서 네트워크 구조를 띠어 가고 있다. 이는 거대하고 수직적이며 일사불란한 리더십의 체제가 더 이상 유효한 시대가 아님을 증명하고 있다.

최근 미래 사회 담론을 이야기하면서 빠지지 않고 나오는 단어가 플랫폼이다. 클라우스 슈밥Klaus Schwab의 4차 산업혁명이나 아나톨 칼레츠키Anatole Kaletsky의 자본주의 4.0의 시대에서도 문제해결을 위한 효과적인 구조가 플랫폼이라는 것이고, 이러한 플랫폼은 네트워크에 기반을 둔다는 점을 강조한다. 플랫폼은 각종 정보, 서비스, 재화, 사람, 방법, 도구 등이 모이는 기회이자 공간이며 이곳에서 사람들은 서로 상호작용을 통해 문제를 해결한다. 예를 들면 원하는 가격에 물건을 사고팔며 또는 서비스가 유통된다. 이러한 플랫폼이 제대로 작동하기 위해서는 생태적 특성을 가져야 한다. 예를 들면 그곳의 질서는 모인 사람들과 서비스들의 유기적 상호작용networking과 자기조직화라는 과정을 통해 형성된다. 그리고 그러한 상호작용의 결과는 공진화로 나타난다.홍길표·이립, 2016 플랫폼의 지속가능성은 공진화를 통해서 유지된다. 만약 플랫폼에 모인 사람들 중 일부만 진화(이득)하고 일부는 지속적으로 정체(손해)된다면 사람들은 결국 그 플랫폼을 떠나게 될 것이다. 이처럼 앞으로 시대가 발전할수록 정교한 조직이 필요한 것이 아니라 유기적 연대(네트워크)가 필요한 사회가 될 것이다.

마찬가지로 미래교육을 위한 학교 안과 밖에서의 실천도 앞으로는 조직적 관리와 경쟁적 노력에 토대하는 것이 아니라, 유기적 연대와 협력(자기조직화)을 통해 모든 구성원이 공진화할 수 있는 생태적 환경 속에서 가능해질 것이다. 또한 이러한 교육을 위해 지역사회가 만들어 가는 마을교육공동체 네트워크는 미래교육이 요구하는 환경이 될 것이다.

미래교육의 지향

최근 마을교육공동체에 대한 지대한 관심과 실천은 우리 사회의 현실교육에 대한 변화 의지와 미래교육에 대한 갈증이 접목된 결과로 보인다. 우리 사회는 현재 다양한 목소리로 미래교육을 이야기하고 있지만 정작 현실 변화를 두려워하고 미래의 방향성에 대해 확신하고 있지 못하다. 이러한 상황에서 마을교육공동체는 미래교육의 한 지향을 제시하고 있다. 학교의 울타리를 넘나들고 지역의 경계를 허무는 네트워크 중심의 마을교육공동체 활동을 보면서 많은 사람들이 미래교육의 방향을 확인하고 있는 것이다. 학교교육이 추진하고 있는 민주시민교육, 진로교육, 창의적 체험활동, 동아리 활동 등 아이들의 역량을 키우는 배움활동이 학교라는 울타리 안에서 또는 교과서라는 틀속에서 이루어지기 어렵다는 것은 누구나 알 수 있는 사실이다. 미래교육환경이 조직이라는 구성체가 아니라 네트워크와 같은 플랫폼 형식이 되리라는 점은, 앞으로 학교이든 지역이든 아이들의 배움터는 정보와 지식 그리고 자원과 사람이 모이는 공유된 공간과 기회이어야 하고 그 위에서 학습 네트워크를 확장하는 방식으로 문제를 해결하는 교육이 이루어져야 한다는 것을 의미한다.

최근 각광을 받고 있는 '미네르바 대학'과 같이 학생들의 배움이 특정한 캠퍼스에 국한되지 않고 그들이 기획한 프로젝트를 해결하기 위해 세계의 주요 거점 도시에서 필요하다면 관계된 사람들(시민이나 공무원)을 만나고, 해당 장소를 방문하고, 삶의 실제를 경험하는 방식으로 문제를 해결하고 있다. 이러한 배움은 단편적 지식을 습득하는 전통적 방식이 아니라 실천의 맥락 속에서 학습자의 배움 네트워크를 확장하는 방식이다. 그리고 이러한 방식은 마을교육공동체가 지향하는 지역, 환경, 삶, 혹은 맥락 속에서 이루어지는 배움의 방식과 일치한다. 이러한 관점에서 마을교육공동체는 미래지향적인 교육 방법과 환경적 요소를 제시함으로써 앞으로 우리 사회의 교육이 어떠한 방향으로 나아가야 할지에 대한 일종의 답을 제시하고 있다.

4. 생태적 마을교육공동체: 삶과 배움이 일치하는 공동체

마을교육공동체의 등장은 그동안 우리가 수십 년간 유지해 온 신자유주의적 교육에 대한 비판으로부터 시작된다. 교육의 시장화는 학생과 교사를 교육 소비자와 공급자로 구분하였고, 경쟁 위주의 교육은 1등부터 꼴찌까지 아이들의 우열을 구분했다. 학교교육이 일종의 서비스가 되면서 사교육에 밀리는 현상이 나타났으며, 공교육에 대한 불신이 사교육에 대한 의지로 분출되면서 사회적 비용을 감내해야만 했다. 불필요한 경쟁이 심화되면서 학교에서는 상위 10% 아이들을 위해 나머지 90%의 아이들을 방치하는 비교육적인 일들이 벌어지고, 하위 90%의 아이들은 상위 10%의 아이들의 성적과 기록을 위해 밑을 깔아 주는, 소위 말하는 '방석'이 되어 주는 일들이 공공연하게 나타나고 있다. 누구도 원치 않는 이러한 교육은 아이들을 살리는 교육이 아니라 아이들의 개별성을 죽이는 교육이다.

교육은 농사를 꾸려 나가는 '살림'과 같은 것이다. 웬델 베리Wendell Berry, 2011가 그의 책 『온 삶을 먹다Bring it to the table』에서 말하는 살림은 가장으로서 땅과 흙을 그리고 집안의 식물과 동물을 돌본다는, 죽임의 반대말이다. 살림은 "우리와 우리가 사는 장소와 세계를 보존 관계로 이어 줌으로써 생명을 지속시키는 모든 활동이다. 우리를 지속시켜 주는 생명의 그물망에 있는 모든 가닥이 서로 계속 이어져 있도록 해 주는 일이다."p. 28 다시 말해 우리 주변에 있는 모든 생물들과 그들이 얽혀 있는 그물망 속에서 상생을 도모하는 것이 살림이다. 그렇다면 지금 우리의 경쟁적이고 이기적인 교육은 아이들의 가능성을 살리는 교육인가 아니면 죽이는 교육인가.

자연의 숲에서는 땅속의 벌레에서부터 땅 위의 식물과 동물 그리고 주변을 둘러싼 환경이 모두 연결되어 있듯이 생태계 안에 있는 모든 구성 요소들은 서로 유기적으로 연결되어 있다. 그리고 살아 있는 유기체는 외부 환경 변화에 자기조직화를 통해 스스로 반응하는 자생성을 가지고 있다. 또한 생태계의 모든 구성 요소들은 상호작용을 통해 서로 경쟁하고 진화도 하지만 숲이라는 전체 생태계는 상호 발전하며 공진화하는 속성을 가지고 있다. 살아 있는 생태계가 복잡하게 연결된 네트워크 구조에서 환경에 적응하는 자생성을 가지며, 경쟁과 함께 공진화하는 특징을 가지고 있듯이 교육생태계도 이와 같은 원리가 적용될 수 있다.

학교나 지역사회가 하나의 교육생태계가 되기 위해서는 사람과 사람이 연결되고 삶과 배움이 일치하는 네트워크 구조 속에서 사회적·교육적 변화에 스스로 적응하는 자생적 역량을 가지며, 배움의 결과가 개인의 발전과 함께 모두가 성장하는 공진화로 나타날 수 있는 교육공동체가 이루어져야 한다. 반면, 지역사회 교육 주체들은 파편화되어 있고 삶과 분리된 맹목적이고 경쟁적인 교육만이 이루어지고 지역의 교육 현안이 있음에도 불구하고 이를 해결할 자생적 노력을 찾아볼 수 없다면 이는 결코 생태적 교육공동체라 할 수 없다.

지역사회를 기반으로 하는 교육생태계 안에서는 유기적인 관계망에 기초하여 언제, 어디서나, 그리고 누구와도 배움이 이루어질 수 있으며, 상호작용을 통해 학습자 스스로 구성하는 주체적 학습과정을 거치며, 배움의 결과는 공진화로 나타나게 된다.

지역적 교육

온전한 교육은 생태적 환경에서 농사를 짓는 것과 유사하다. 웬델 베리는 살림을 위해서 농사는 지역적 환경에 적응해야 하고, 가축과 농작물은 지역과 연관성이 있어야 한다고 강조한다. 참된 살림이란 "농사를 농장과 농토에 맞추고, 농가의 필요와 능력에 따라, 지역경제에 맞추려 노력하는 것"p.35이다. 따라서 농사는 지역이라는 농장과 농토 그리고 농부 개인의 개별성과 특수성을 적극적으로 반영해야 한다. 마찬가지로 참된 교육이란 살고 있는 지역과 자신의 필요와 요구에 맞는 앎을 추구하는 것이 되어야 한다. 그리고 이를 통해 주위 환경에 적응하고 자신의 삶을 개척해 나가는 배움의 과정을 거쳐야 한다.

생태적 마을교육공동체는 이처럼 지역화된 교육을 지향한다. 자신이 몸담고 있는 마을을 통해서 배우고, 마을에 관해서 학습하고, 마을을 위해서 실천하는 것이 지역화된 교육이고, 이것이 곧 마을교육공동체인 것이다. 이러한 온전한 교육이 되기 위해서는 지역이 하나의 학습생태계가 되어야 한다. 생태적 공간에서 모든 것은 연관되어 있고, 배움은 모든 것들과의 관계망 속에서 이루어지게 된다. 생태적 배움은 지식을 습득하는 방식이 아니라 문제를 해결하는 접근을 취한다. 성과지향적이고 경쟁우위를 선점하고자 하는 교육의 관점에서 보자면 동네 사람을 키우는 교육 혹은 마을 시민을 양성하는 교육은 지극히 지엽적으로 보일 수 있다. 하지만 무엇이 더 온전한 배움일까. 시험을 위해 지식을 습득하는 공부인가 아니면 삶의 문제를 해결하는 배움인가.

삶=배움=노동

생태적 마을교육공동체에서 배움은 삶과 일치한다. 그리고 이러한 배움은 지역화된 노동을 창출한다. 지역에서의 삶과 배움 그리고 노동이 일치하는 것이 생태적인 마을교육공동체이다. 아이들에게 공부가 지겹고 힘들고 참아 내야 하는 고통인 이유는 그들의 배움이 어떻게 자신의 삶을 풍요롭게 하는지 알지 못하기 때문이다. 수학의 미분·적분이 내 삶에 무슨 의미인지 모른 채 새벽 2시까지 풀어야 한다면 그것은 고통일 수밖에 없다. 지금의 교육에서 배움은 삶과 분리되어 있다.

마을교육공동체를 통해서 학교의 울타리를 넘나들고 지역의 경계를 허물면서 실천하는 배움은 그 자체로 삶의 일부가 된다. 그리고 학습자들에게 인지적 학습의 과정을 삶의 일부로 전달해 주는 것은 교육자들의 몫이다. 생태적 관점에서 교육은 모든 개체들이 서로 분리된 것이 아니라, 서로 연관되어 영향을 주고받는 관계에 있다. 이때의 지식은 개인적 노력으로 구성된다기보다는 정치적·사회적·문화적 관계 속에서 형성되는 공동의 산물인 것이다.신옥순, 2007

삶과 일치되는 배움은 지역에 내재된 노동을 창출시킨다. 삶과 배움과 노동이 함께 어우러지는 선순환적 구조를 만드는 것이다. 오늘날처럼 분화된 사회에서 한 지역에 정주의식을 가지고 사는 사람은 드물다. 더구나 살고 있는 동네나 마을에서 직업을 갖는다는 것은 흔한 일이 아니다. 산업화와 도시화로 지역의 경제가 허물어지고 지역의 일자리가 없어지니 사람들은 떠나게 된다. 지역균형발전이나 마을공동체는 이제 지역의 일자리를 창출하기 위한 노력을 기하고 있다. 이러한 노력이 지역의 교육공동체와 만나야 한다.

예를 들어 서울시 노원구 공릉동에는 주민들이 만든 창업협동조합이 있다. 이 협동조합과의 협력을 통해 지역의 한 청년이 '지구불시착'이라는 독립 서점을 열게 되었다. 그림과 글쓰기에 재주가 있는 서점 주인은 동네 아이들에게 서점을 개방하고 아이들의 그림 그리기와 글쓰기를 돌봐 준다. 이곳에서 교육이 이루어지고 있는 것이다. 동네 삶과 배움과 노동이 함께하는 사례이다. 전북 완주에는 프랑스에 유학 갔다 온 청년이 운영하는 빵집이 있다. 지역의 농산물로 유기농 빵을 만든다. 지역의 아이들은 창의적 체험활동, 동아리 활동, 진로교육 등 다양한 이름을 걸고 그 빵집을 탐방한다. 청년은 왜 지역의 농산물로 빵을 만드는지 올바르고 온전한 먹거리가 무엇인지를 아이들에게 이야기해 준다. 이 또한 삶과 배움과 노동이 일치하는 마을교육공동체이다.

이처럼 생태적 마을교육공동체란 지역에서의 삶이 배움으로 연결되고 배움의 결과가 지역의 일거리로 창출되고, 이러한 노동이 다시 지역의 삶이 되는 유기적인 선순환이 반복되는 공간이다. 만약 마을의 생태지도를 그린다면 건강한 마을교육공동체는 많은 사람들의 이야기, 배움이 일어나는 공간에 관한 이야기, 또는 지역의 노동이 이루어지는 삶의 이야기들로 넘쳐날 것이다.

5. 교육공동체 학습: 마을을 통한, 마을에 관한, 그리고 마을을 위한 교육

마을교육공동체의 목표는 학생들에게 그 지역에 대한 다양한 내용을 경험적이고 실천적 방법으로 학습시키고, 그들의 성장과 발달을 도모하여 그 결과가 다시 지역사회로 환원되는 마을공동체를 만드는 것이다. 이러한 마을교육공동체에서 이루어지는 교육은 '마을을 통한 교육, 마을에 관한 교육, 마을을 위한 교육'이라는 세 가지 유형으로 설명될 수 있다._{김용련 외, 2014: 오혁진, 2006}

마을을 통한 교육learning through community

마을을 통한 교육은 그 지역사회의 인적·문화적·환경적·역사적 인프라를 적극적으로 활용해 이루어지는 학습의 형태를 말한다. 학생들은 마을의 교육 인프라와 자원을 통해 배움을 실천한다. 예를 들어 재능 기부자들이 학생들을 위해 직업교육을 시키고, 문화·체육 시설과 기관들은 학생들을 위한 사회적 배움터가 되며, 마을의 자연생태계, 사회적기업, 농장 등은 훌륭한 교육 프로그램이 될 수 있다. 이와 같이 마을을 통한 교육을 위해서는 지역에 산재해 있는 기존의 교육 인프라와 자원을 발굴하고 이를 연결시킬 필요가 있다.

그동안 지역사회에서 서로 개별적으로 활동해 왔던 교육활동가들을 연결시키고, 수많은 교육·문화·복지 관련 시설과 지원 그리고 프로그램 등을 체계화시키고, 이를 주민들에게 적극적으로 홍보하는 마을교육 플랫폼을 구축해야 한다. 언제 어디서나, 누구와도 배움이 일어날 수 있도록 마을의 교육적 환경을 가꾸고, 마을의 배움 네트워크 안에서 아이들과 주민들이 상호작용하는 것이 마을을 통한 교육이다. 지역의 사람들은 참여, 실습, 탐방, 체험, 실천 등의 방법으로 학습하게 되고, 이를 통해 공동체 일원으로서 사회적 학습 역량을 키워 나가게 된다.

마을에 관한 교육learning about community

마을에 관한 교육은 아이들이 살고 있는 마을과 지역에 대해 배우는 것이다. 그 지역사회의 역사적, 자연적, 문화적, 산업적 특수성에 대해 학생들에게 배움의 기회를 제공하는 유형의 교육이다. 예를 들어 교육지원청이나 기초지방자치단체 혹은 지역에서 마을지도를 만들고, 마을의 다양한 역사나 문화를 학교나 아이들에게 소개하는 사례 등이 마을에 관한 교육의 실천이다. 학생들은 각 지역마다 가지고 있는 고유한 환경적, 문화적, 역사적 특수성을 학습해 그 사회 공동체의 일원으로서 가치관과 생활방식을 공유하게 된다.

마을에 관한 교육을 통해서는 우리 마을, 동네, 지역에 대한 지식과 이해를 쌓는 것에 더해서 타 지역과의 협력과 상생을 위해 다름differences에 대한 이해, 다양성에 대한 인식, 민주적 시민정신 등을 학습해 세계화와 지역화의 경계를 넘나들 수 있는 역량을 함양할 수 있어야 한다. 마을을 잘 아는 아이들이 그곳의 주민으로 성장했을 때 지역의 관계성이나 신뢰는 자연스럽게 쌓이게 되고, 이는 곧 지역사회에 내재된 사회적 자본이 되는 것이다.

마을을 위한 교육 learning for community

마을을 위한 교육은 지역사회의 한 구성원으로서 아이들이 살고 있는 마을의 현안을 찾아내고 이를 해결하기 위한 도전과 사회적 기여를 실천해 보는 것이다. 마을을 위한 교육을 통해 학생들은 자신의 삶의 디전, 이웃, 공동체를 위해 할 수 있는 일들을 고민하게 되고, 그들의 역할을 찾아보게 된다. 그리고 문제해결을 위해 자신들이 할 수 있는 도전을 기획하고 실천하는 과정을 통해서 성장하게 된다. 공릉동 청소년들의 프로젝트인 '시작된 변화'라든지 의정부의 몽실학교에서 이루어지는 마을 프로젝트들은 지역의 아이들이 지역의 네트워크 안에서 지역을 위해 도전하는 배움활동의 좋은 예가 될 수 있다.

이러한 배움활동은 궁극적으로는 교육과 마을공동체의 유기체적 관계가 이루어져야 가능하다. 지역의 아이들이 자유롭게 활동할 수 있도록 도전의 기회를 제공하는 교육공동체가 이루어져야 한다. 마을을 위한 교육은 학생들이 지역사회 발전의 훌륭한 자원이 될 수 있도록 미래 진로 역량을 키워 주는 활동이다. 그 지역사회의 문화, 자원, 사회, 경제 등의 환경적 기반을 통해 이루어지는 교육은 자연스럽게 아이들의 미래와 진로를 준비하는 교육으로 연결된다. 이는 지역의 사회적, 문화적, 그리고 경제적 발전을 위한 미래 인재를 육성하는 차원의 접근이기도 하다.

이상의 세 가지 공동체 교육 방법을 마을교육공동체 프로그램이나 활동 내용들과 접목시켜 유목화해 볼 수 있다. 마을교육공동체의 다양한 프로그램과 교육활동은 크게 네 가지 유형으로 구분된다.

초기적 단계에서 가장 많이 볼 수 있는 교육 프로그램은 예체능 중심의 교육이다. 혁신교육지구사업을 통해 초기에 실행되었던 마을교육 프로그램이 주로 예체능 활동이었다. 두 번째는 진로와 관련된 활동들이 있다. 지역사회의 사회적·경제적 상황과 지역 청소년들의 미래 진로를 연결시키는 창업, 지역경제, 진로, 기업가entrepreneurship 정신 교육 등과 관련된 마을교육 유형이다. 셋째는 사회참여 활동이나 실천 프로그램들이 있다. 지역사회의 다양한 현안을 고민하고 이를 해결하기 위해 청소년들이 프로젝트를 기획하고 실천하는 마을교육의 한 유형이다.

[표 II-1] 마을교육공동체 교육활동 및 프로그램 유형

내용 방법	놀이 (예체능 교육)	진로 (미래교육)	사회참여 (시민교육)	생태 (지역 환경 및 문화)
마을을 통한 교육	전래놀이 교실음악회 도자기체험 등	꿈꾸는 슈퍼스타 꿈틀 직업체험 자기탐색 프로그램 등	신나는 경제탐험 지역의 사회적 기업 탐방 등	가을체험 학습 초록배움터 지구생태계 및 환경 교육 등
마을에 관한 교육	지역생태 미술체험 마을 문학 이해하기 등	학교신문 발간 지도 직업체험과 직업세계 탐방 세상은 넓고 할 일은 많다 등	협동조합 이해 사회적경제 이해 다문화 인권교육 지역사회 시민교육 등	지역문화와 역사 탐방 지역 문화 알리기 공동체 문화 교육 등
마을을 위한 교육	마을벽화 그리기 지역 시설 위문 공연 마을축제 등	나눔을 배우는 사회적 기업 & 진로교육 로컬푸드 체험 및 봉사 등	마을행복론 자원봉사 기본교육 지역 문제 해소를 위한 프로젝트 활동 등	환경보호 비누 만들기 찾아가는 친환경 에너지 교실 등

마지막으로 생태교육은 지역의 자연환경뿐만 아니라 지역의 사회생태계를 포함하는 마을교육이다. 따라서 지역의 역사, 자연환경, 공동체, 문화 등에 관한 교육활동을 전개하는 청소년 활동이 포함된다. 마을교육공동체가 심화될수록 초기의 예체능 중심의 마을을 통한 그리고 마을에 관한 교육에서 점차 청소년 자치적 프로젝트 중심의 참여와 경험을 토대로 하는 마을을 위한 활동으로 전환되고 있는 경향이 있다.

6. 마을교육공동체 유형과 사례

마을교육공동체의 실천은 다양하다. 그중에서 공동육아 공동체는 지금의 마을교육공동체 흐름을 주도한 중요한 시발점이기도 하다. 영유아 양육 및 보육을 위해 뜻을 함께하는 사람들이 모여 공동육아를 실천했고, 그들의 자녀들이 성장하면서 대안학교를 설립하고, 더 나아가 마을공동체를 가꾸어 나가는 유형은 초기 마을교육공동체의 전형적인 모습이다. 실제로 이처럼 공동육아를 출발점으로 삼아 발전한 여러 대안학교 사례를 찾아볼 수 있다. 그 밖에도 완주의 '고산향 교육공동체'처럼 지역의 학부모들이 협동조합을 만들어 방과후교육에 적극 참여하는 경우도 있고, 학교 밖에서 탈학교 아이들을 위한 교육활동을 운영하는 지역 실천가들의 모임이나, 최근에 활발하게 전개되고 있는 농촌유학이나 각종 체험활동도 지역과 지역의 주민들이 주도적으로 만들어 가는 마을교육공동체 등 다양한 방식과 내용으로 성장하고 있다.

마을교육공동체 실천은 모두 제각각이지만 그 사례들은 어느 정도 유목화해 볼 수 있다. 예를 들어 풀뿌리형과 정책주도형 분류나 참여 주체에 의한 분류로 구분될 수 있다. 물론 개별적 마을교육공동체 사례들이 이와 같은 기준으로 명확하게 분류된다고 규정할 수는 없으며, 일부 사례의 경우는 위의 기준이 적용되지 않거나 복합적일 수 있지만, 마을교육공동체의 전반적 이해를 돕기 위해 유목화해 보면 아래와 같다.김용련, 2018; 서용선 외, 2015; 홍영란 외, 2018

풀뿌리형 대 정책주도형

지역이나 학교에서 특별한 외부적 지원 없이 자생적으로 실천된 풀뿌리형 마을교육공동체가 있다. 마을교육공동체 초기적 단계의 대부분의 사례가 사실 풀뿌리적 접근이었을 것이다. 예를 들면 공동육아나 돌봄으로 시작되는 교육공동체, 대안학교나 마을학교처럼 지역의 비공식적 교육 기관, 탈학교 아이들을 돌보는 교육 단체들, 농촌유학, 지역 도서관에서 이루어지는 마을교육, 주민이나 학부모들이 자발적으로 만든 방과후학습 등은 정책이나 행정적 지원에 의해서 의도적으로 생성된 사례가 아니라 자생적이고 자발적으로 만들어진 실천이다.

이미 잘 알려진 충청남도 홍성군 홍동면은 처음에 풀무학교라는 농촌학교와 마을 간 협력적 관계를 통해 마을교육공동체를 만들어 나가는 대표적인 사례이다. 최근에는 지역의 다양한 교육 관련 주민모임, 도서관, 초·중등학교 등을 중심으로 체계적인 접근을 하며 추진하고 있다. 그 밖에도 공동육아로 시작한 마포의 성미산 마을교육공동체, 지역 주민들과 연극수업을 통해 폐교 위기를 극복한 경기도 서종면 세월초나 그 지역 고교 설립을 위한 서종포럼, 또는 학교 밖 아이들을 위해 활동하는 알려지지 않은 많은 실천들이 풀뿌리적 마을교육공동체라고 할 것이다.

한편, 풀뿌리적 마을교육공동체의 의미와 실천이 확산되고 관심이 증폭되면서 이를 통해 공교육에 변화를 주고자 하는 움직임이 나타나기 시작했다. 앞서 언급한 혁신교육지구사업이 대표적인 정책주도형 마을교육공동체 만들기이다. 2011년 경기도가 처음 시작할 당시 혁신교육지구사업의 주된 목적은 혁신학교 일반화였지만, 2014년부터는 지역사회 기반 교육공동체 구축이라는 선명한 목표로 전환되었고, 이러한 흐름이 전국적으로 확산되었다. 현재는 과반이 넘는 기초자치단체에서 혁신교육지구사업을 추진하고 있으며, 2018년에는 이에 참여하는 지자체를 중심으로 '혁신교육지방정부협의회'를 구성해 사업 확산을 도모하고 있다. 지금은 지자체와 교육청의 협력사업 수준으로 진행되고 있지만, 정부의 많은 부처들이 지역균형발전이나 마을공동체 사업이 확산되고 있는 시점에서 교육과 연대는 앞으로도 지속적으로 확대될 것이다.

참여 주체에 의한 분류

경기도교육청이 주관하여 연구된 '마을교육공동체 개념 정립과 정책방향 수립연구'서용선 외, 2015에서는 주체에 대한 분류로 학교주도형, 마을주도형, 센터주도형으로 구분하고 있다. 학교주도형 마을교육공동체는 학교의 정규나 비정규 교육과정 운영을 지역사회와 함께하면서 연대를 강화하고 지역의 변화를 추구하는 경우이다. 덕양중학교, 조현초등학교, 두창초등학교, 남양주월문초등학교, 완주삼우초등학교, 성종중학교, 의정부여자중학교 등을 소개하고 있다. 이 중 의정부여자중학교는 몽실학교의 전신 격인 '비몽사몽'이라는 프로그램으로 지역 청소년들이 직접 기획하고 참여하는 프로젝트를 지역사회 네트워크 안에서 실천하는 기회를 제공했다. 또한 교과통합을 통해 지역 극단과 함께 연극수업을 진행하면서 학생들이 지역사회와 함께 성장하는 경험을 쌓을 수 있었다.

마을주도형 사례는 학부모, 실천가, 지역 주민 등 지역사회 구성원들이 주축이 되어 학교와의 협력, 학교 밖 마을학교 운영, 방과후교육, 돌봄 등을 실천하는 경우이다. 단순한 주민, 학부모, 귀촌 모임에서 출발해 때로는 협동조합이나 사회적기업으로 그 활동의 범위를 넓혀 가는 사례가 늘고 있다. 기존에 시흥의 참이슬 마을학교, 고양 화전동 학부모회, 고산향 교육공동체, 서종 교육포럼 등이 많이 알려져 있고, 최근에는 시흥시에서 마을교육자치회를 구성해 '마을과 학교가 주체가 된 지방교육자치 구현'이라는 목표를 지향하고 있다. 이처럼 지역사회나 지역의 주민들이 주도하는 공동체적 참여는 초기와 달리 이제는 재능기부의 수준을 넘어서 주민자치 실현의 단계까지 접어들고 있는 지역도 있다. 예를 들어 서울 강북구, 경기도 양평군 서종지역 주민 활동가들의 교육적 기여와 참여는 부수적이거나 보조적이 아니라 주도적이고 주체적인 적극성을 보여 준다.

센터주도형 마을교육공동체는 지자체나 교육청 등이 지역 기반 교육 사업을 좀 더 효율적으로 진행하기 위해 청소년 교육 및 문화 관련 센터를 설립하고 이를 주축으로 마을교육을 확대해 나가는 사례이다. 공릉청소년문화정보센터, 시흥행복교육지원센터, 화성창의지성교육센터, 오산교육재단 등과 같이 중간지원조직의 설립과 활동이 활발해지고 있다. 최근에는 이러한 접근이 성숙되면서 관과 관을 연결하고 관과 민을 연결하는 허브형 센터의 역할에서부터, 화성의 이음터와 같이 마을교육 프로그램 운영에 집중하면서 학교와 지역사회를 연결하고자 하는 지역 밀착형 센터들이 만들어지고 있다. 센터 운영이나 마을사업에 지자체가 적극적으로 참여하는 경우도 있다. 도봉구는 '마을 방과후학교'를 지자체가 직접 운영하면서 학교의 부담을 덜어 주고 있으며, 노원구는 '마을이 학교다'라는 마을교육 활성화 사업을 추진하면서 전국적인 사례로 소개되고 있다. 이러한 관 주도의 마을교육공동체 활성화를 위해 최근에는 교육청과 지자체가 마을교육공동체 활성화 조례를 제정하여 더욱 체계적이고 제도적인 지원과 협력을 도모하고 있다.

그 밖에도 다른 연구홍영란 외, 2018에서는 이와 같이 학교, 지역, 센터 중심의 마을교육공동체와 더불어 대학이 주도하는 유형과 산업체가 주도하는 마을교육공동체 유형을 추가하였다. 대학주도형 마을교육공동체는 최근 대학 간의 경쟁이 심화되고 대학들의 획일화와 시장화가 이루어지게 되는 문제점을 극복하고자 지역사회에 대한 사회적 책무성을 강조하고, 지역 밀착형 대학으로 거듭나기를 바라는 사회적 요구가 증대하면서 나타나고 있는 사례이다. 대학이 지역사회와의 상생을 도모하기 위한 방법으로 지역 주민을 위한 학위 과정을 제공하고, 교양·취업·시민교육 등과 같은 평생교육 프로그램을 운영, 대학생들의 자치적 활동을 지역공동체와 함께하는 것이다. 예를 들어 산학협력, 봉사활동, 법률자문 및 생활상담 등과 같은 지역사회 협력 활동을 전개, 그리고 대학의 시설과 교육적 환경을 지역사회 주민이 적극적으로 활용할 수 있도록 개방하는 사례 등은 대학이 주도하는 마을교육공동체의 전형적인 모습들이다.

산업체주도형은 다른 유형의 마을교육공동체에 비해 소개가 덜 된 유형이다. 예컨대, 호주의 학습마을 마운트에브린Mt. Everlyn 프로젝트 과정에서는 산업체가 정부, 지역사회, 교육 기관과 함께 지역공동체 강화 과정에서 주요한 역할을 수행하였던 사례가 있다.양병찬, 2018: 18 그 밖에도 지역에 유치된 산업단지, 지역을 거점으로 활동하는 사회적기업이나 협동조합들이 지역의 학교와 협력해 진로교육, 체험활동, 동아리 활동 등을 적극적으로 지원하는 사례들이 늘어나고 있다. 산업체들이 지역사회에 이바지하는 방안으로 지역의 학교나 교육 기관들과 공생적 관계를 만들어 간다면 마을교육공동체의 중요한 사례가 될 수 있다.

국가마다 학교와 지역사회의 협력을 강화하고자 하는 노력 혹은 지역사회에서 교육적 플랫폼을 구축하고 이를 바탕으로 지역의 아이들과 성인들을 위한 교육적 활동을 전개하는 다양한 흐름들이 있다. 비록 그 이름과 방법은 다소 차이가 있지만 커뮤니티 스쿨이나 센터Community school or center 혹은 학부모 연대 등 지역과 학교의 협력이 강화되고 있으며, 이를 통해 학교에서 이뤄질 수 없는 다양한 교육적·사회적 서비스를 아동들에게 제공하는 새로운 형태의 교육 실천이 이루어지고 있다. 외국 지역사회학교community school의 경우 사회경제적 지표가 낮은 지역사회에서 학생의 학업성취도를 끌어올리기 위한 교육복지적 측면에서 기획되어 시작한 경우도 있다. 김영철과 그의 연구진이 2016년에 수행한 마을교육공동체 해외 사례 조사에 포함된 미국의 커뮤니티 스쿨, 캐나다의 커뮤니티 센터, 일본의 커뮤니티 스쿨, 독일의 학부모 연대 사례를 간략히 소개하면 다음과 같다.김영철 외, 2016

미국의 커뮤니티 스쿨

미국의 커뮤니티 스쿨Community School 설립은 '학교는 범죄와 가난의 문제 등을 해결하고 사회적 서비스를 제공하는 중요한 기관으로서 역할을 해야 한다'는 존 듀이John Dewey의 영향을 받았다. 19세기 도시산업화가 이루어지고 이에 따라 공동체 의식 결핍과 소외 문제를 해결하기 위한 사회적·교육적 기관으로서 커뮤니티 스쿨을 하나의 학교 형태로 발전시켰던 것이다. 이후 1970년대 「커뮤니티 스쿨 법령」과 「커뮤니티 스쿨과 종합 커뮤니티 교육 법령」이 국회를 통과하면서 이후 지방과 주정부 지원 외에도 다양한 재단 등의 지원하에 커뮤니티 스쿨이 숫자적으로 증가하게 되었다.

「2014년 커뮤니티 스쿨 법령」에 따르면 지역사회학교로서 공립 초·중등학교의 변화를 돕기 위해 학교 이외의 지역의 교육 기관, 지역 사회 비영리 기관, 공공·민간 기관들이 컨소시엄(협력을 위한 연합) 재정 지원을 허용하고 있다. 또한 「2015년 커뮤니티 스쿨 지원 법령」에서는 커뮤니티 스쿨의 정의로 학생들의 학업과 건강 발달 문제에 대해서 진술하고, 이를 해결하기 위해서 지역사회에 기반을 둔 공공 및 민간 기관들과 파트너십을 가지는 동시에 지역사회 서비스를 주최하고 제공하는 사회적 센터로서 역할을 수행하는 공립 초·중등학교로 규정하고 있다. 두 법령 모두 사회적 취약 아동의 학업 성장에 초점을 두고 있으므로, 학교는 지역사회의 다양한 기관들의 적극적이고 효과적인 파트너십을 형성시키고, 이를 통해 지역 주민을 위한 사회적 센터로서의 역할을 요구받는다.

미국 커뮤니티 스쿨의 연합 모임 자료에 따르면 여기에는 미국 내 5,000개의 커뮤니티 스쿨이 가입되어 있으며, 커뮤니티 스쿨은 학생의 가정과 지역사회까지 연결하는 협력적 역할을 수행하고 있다. 커뮤니티 스쿨은 저마다의 색깔이 있지만, 대개는 저소득층 학생들에게 더 나은 교육을 제공하는 교육복지적 접근이라는 공통된 특성을 가진다. 학교가 독립적으로 해결할 수 없는 문제는 지역사회와 긴밀한 협력 체계를 갖추고 지역의 보건복지 봉사기관, 청소년 개발 기관, 대학, 마을기구 등 지역사회의 다양한 단체들과 협력하고 있다.

미국 커뮤니티 스쿨이 지역과 협력하는 방식은 보통 세 가지 유형으로 분류할 수 있다. 첫째는 학교와 외부 기관들 간의 긴밀한 협력에 관한 활동이다. 지역사회에 산재해 있는 다양한 기관들과 협력을 강화하여 학교와 지역사회의 교육적 역량을 강화하는 것이다. 둘째는 학부모의 학교교육 참여와 관계하는 활동이다. 학교 운영이 내부 관계자들이나 교육행정가들 위주로 이루어지던 관행을 탈피하여 지역사회가 학교 운영에 직간접적으로 참여할 수 있는 기회와 통로를 열어 주는 것이다. 셋째로는 학생들에게 다양한 비교과 활동 기회를 제공하는 활동이다. 특히 사회·경제적으로 소외되어 있는 청소년들에게 다양한 경험과 도전을 할 수 있도록 지역사회와의 협력을 강화하는 것이다.

이와 같은 커뮤니트 스쿨의 대표적인 사례는 미국 전반에 걸쳐 가장 오래된 커뮤니티 스쿨인 포크 브로스Polk Bros.재단의 선구적인 활동을 기반으로 시카고의 기업과 자선단체 지도자들이 2001년 시카고 공립학교CPS에 커뮤니티 스쿨의 확대를 요청하여 진행하는 것이다. 미국 시카고 커뮤니티 스쿨들은 시카고 교육청Chicago Public School System이 커뮤니티 스쿨 이니셔티브Community Schools Initiative, CSI라는 이름으로 추진하고 있는 교육혁신의 일환이다. CSI의 네 가지 목표는 다음과 같다.

- 학교가 지역사회의 중심 센터가 된다.
- 어린이와 가정들의 개인적·경제적 안녕을 촉진하는 서비스를 제공한다.
- 기회의 부족과 낮은 성취를 가져오게 하는 부정적인 요인들을 축소 및 제거한다.
- 학생들의 학업성취도를 개선하도록 부모와 지역사회의 참여를 촉진한다.

　미국 커뮤니티 스쿨에서 가장 중요한 프로그램은 방과후학교 프로그램이며, 이러한 방과후활동에 대해서는 법적 책임을 학교 교장이 아닌 시정부가 담당하고, 학교 내에서 운영·관리하는 차원을 넘어 커뮤니티 스쿨의 다양한 활동을 관리하는 코디네이터가 존재하는 것이 특징이다. 코디네이터는 지역사회 기관에서 채용하여 운영 및 프로그램 개발 등을 학교 교장과 상의하여 학교와 협력 활동을 관리하는 역할을 맡고, 시카고 커뮤니티 스쿨의 재정은 다른 지역 커뮤니티 스쿨들과 같이 연방정부와 시교육구의 공적 재정 지원 및 민간 재단 기업과 같은 조직의 재정 지원에 의지한다. 성과 측면에서 봤을 때 시카고 공립학교 중 CSI 학교들은 학업성취도가 향상되었고, 학생들의 안정적인 생활환경이 개선되고 학부모의 학교교육에 대한 신뢰와 참여가 개선되었으며, 이에 따라 공교육 혁신 전략 수립에도 긍정적 영향을 미치고 있다고 보고되었다.

캐나다의 커뮤니티 리소스 센터

캐나다 커뮤니티 리소스 센터는 다문화 중심 사회에서 사회적 민주주의 정책을 실현하기 위해 시민들의 균형 잡힌 삶과 경제적·인종적·문화적·교육적 기회로부터 소외된 계층에게 개인의 성장과 행복, 그리고 더 나은 미래를 준비할 수 있는 균등한 기회를 제공하기 위해 설립되었다. 이러한 취지에 입각해 연방정부의 지원을 받지 못하는 소외된 어린이·청소년 계층에게 투입되었던 지역사회 단체, 지자체 봉사자들의 산발적인 활동을 연합하기 위해 커뮤니티 리소스 센터가 활동하고 있다.

온타리오주는 1970년대부터 효율적인 지역 봉사활동을 연합시키기 위해 자립적으로 설립된 민간주도형 커뮤니티 리소스 센터를 운영하고 있다. 온타리오주는 원주민과 초기 정착민 그리고 200여 개국에서 유입된 이민자들이 혼합되어 살고 있는 지역이다. 주정부 산하의 교육부가 교육정책을 총괄하고 지역의 교육청이 초·중·고등학교를 관할한다. 온타리오주 런던시는 웨스턴 온타리오 대학교 중심의 교육 도시로서 자녀교육을 중요시하는 풍토와 문화가 있는 곳이다. 이곳 커뮤니티 리소스 센터를 중심으로 지역공동체적 교육활동이 활발하게 전개되고 있으며, 특히 도시 중심의 낙후된 지역에 거주하는 저소득자나 이민 실패자 등을 대상으로 교육 서비스를 제공하고 있다.

커뮤니티 센터나 커뮤니티 리소스 센터는 캐나다 사회에서 교육 복지를 담당하는 멀티 센터로서 유아부터 노인에 이르기까지 주민의 건강한 삶과 균형 잡힌 미래, 더 나아가 지속가능한 지역사회를 만드는 목적을 지향하고 있다. 이러한 취지를 잘 살리고 있는 글렌 케언 커뮤니티 리소스 센터Glen Cairn Community resource centre는 좋은 예이다. 글렌 케언 지역은 런던시에서도 인구, 경제 지표 및 교육 수준이 하위에 위치하고 있다. 이 지역의 커뮤니티 리소스 센터는 경제적 이유로 매년 인구수가 감소하는 환경에서 지역 봉사 모델의 전형을 보여 주는 민간주도형 교육센터이다.

2001년과 2002년에는 주민들을 위해 매주 20개 이상의 교육 및 사회 서비스 제공 프로그램을 운영했고, 31개의 파트너 봉사단체들과의 협력을 유지했으며, 3,600시간 이상의 자원봉사자 활동을 관리했다. 커뮤니티 리소스 센터의 운영위원회는 주요 의사결정이나 재정운영, 협력 단체들과의 연대 및 협력, 그리고 후원자들을 모으고 결집시키는 역할을 담당하고 있다. 센터는 6명의 스태프에 의해 운영되고 있으며, 이들은 센터 행정적 업무와 프로그램 운영을 주관한다. 또한 다양한 지역사회 단체들과의 협력을 촉진하고 지역 봉사자들을 모집하고 관리하고 있다.

캐나다 커뮤니티 리소스 센터는 미국의 사례와 달리 공립학교와의 직접적인 관련은 없지만 글렌 케언만의 독특한 방법으로 지역 돌봄과 교육적 서비스를 제공하고 있다. 아울러 지역 노인들을 위한 정원 가꾸기, 요리, 체력 관리 등의 사회복지 프로그램을 운영한다. 런던시 커뮤니티 리소스 센터 운영을 통해 민·관·학을 효과적으로 연결하고, 더 나아가 지역공동체의 성장을 위한 동력으로 활용하고 있다. 캐나다 커뮤니티 센터는 지역사회 전문가, 지역 주민들, 봉사자들과 같은 민간에 의해 운영되고 주민자치적 센터라는 점에서 더 큰 의미를 찾을 수 있다.

일본의 커뮤니티 스쿨

일본은 학교와 지역사회의 연계를 활성화하고 지역의 교육적 역량을 강화하기 위해 커뮤니티 스쿨 정책을 추진하고 있다. 문부과학성은 2004년 「지방교육행정의 조직 및 운영에 관한 법률」을 일부 개정하여 커뮤니티 스쿨을 핵심 교육정책으로 도입했다. 이를 통해 학생, 학부모나 지역 주민의 다양한 의견을 학교 운영에 반영해 지역에 열려 있는 신뢰받는 학교 만들기를 시도하고 있다.

학교운영위원회를 통해 학부모나 지역 주민이 일정한 권한과 책임을 갖고 학교 운영에 참가할 수 있고, 지역의 요구를 신속하고 정확히 학교 운영에 반영시킴과 동시에 학교·가정·지역사회가 하나가 되어 보다 좋은 교육환경을 조성하기 위해 노력하고 있다. 문부과학성은 커뮤니티 스쿨을 통해서 아이들의 기초학력 향상과 집단 따돌림과 같은 문제를 해결하고, 아울러 지역사회와 주민들의 교육적 역량을 강화하는 효과를 기대하고 있다.

2000년대 이후 일본의 교육계는 가정과 지역이 연계하여 학교 경영 책임을 강화하는 방안을 제시했고, 그 결과 「교육개혁 국민회의 보고-교육을 바꾸는 17개 제안」을 만들었다.나가하타 미노루, 2014 이 제안 중에는 '지역의 독자적인 니즈needs를 기반으로, 지역이 운영에 참가하는 새로운 타입의 공립학교('커뮤니티 스쿨')를 시정촌이 설치할 수 있다'

는 내용을 포함하고 있다. 이처럼 일본의 커뮤니티 스쿨은 지역에서 이루어진 자생적인 교육 변화라기보다는 정부의 주도로 이루어진 교육정책으로 추진되고 있다.

지역마다 다양한 모습으로 커뮤니티 스쿨이 실천되고 있으며, 야마구치현 하기시의 나츠칸 네트워크도 그중의 하나이다. 하기시 나츠칸 네트워크는 커뮤니티 스쿨의 운영에 있어서 학교를 지원하는 지역의 교육네트워크로서, 커뮤니티 스쿨을 운영하는 해당 지역을 중심으로 그 지역의 학교와 지역사회의 다양한 교육적 기관과 실천을 묶어 내는 교육공동체이다. 하기시는 지역 중학교를 중심으로 근처 초등학교 (보통 3곳)와 보육원, 유치원 그리고 지역의 교육단체들을 하나의 네트워크 망으로 연결하여 이들의 협력과 상생을 도모한다.

이 네트워크를 통해 학교교육 목표 수립, 학교 경영 방침 수립, 학교 평가 등에서 지역 주민이나 학부모 참가가 확대되고 있으며, 지역

[그림 II-5] 하기시 나츠칸 네트워크

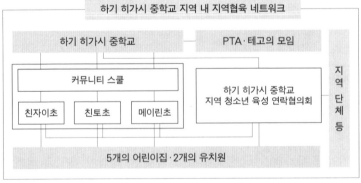

출처: 김영철 외 (2016)

에 열린 학교 운영이 실현되고 있다. 학교와 지역사회·보호자의 연계 협력에 기초하여 특색 있는 학교 만들기, 지역 특성과 요구에 부합하는 교육 실천, 그리고 지역의 교육 자원과 연계한 정의적 교육의 질적 내실화 등은 이 지역에서 커뮤니티 스쿨 도입으로 이루어진 성과라고 할 수 있다.

독일의 학부모 연대

독일 학부모의 교육공동체는 사회경제적 배경으로 인해 소외되는 학생들이 공교육을 통해 교육 기회의 평등, 교육과정의 평등, 교육 결과의 평등을 보장받을 수 있도록 학교와 지역교육 체제를 만들어 가는 대표적인 실천 사례이다. 독일은 1919년부터 시민교육 기관이 설립되어 성인교육과 학부모교육을 통한 교육공동체 구축을 위한 시민적 역할과 실천이 발달되어 왔다. 독일 학부모 연대는 자체적인 학습공동체를 만들어 비형식적인 평생학습을 지속하고 지역의 교육복지에도 적극적으로 참여하고 있다. 학교교육을 지원하고 교육 문제를 해결하기 위해서 교사협의회·학생협의회·학교장 등과 같은 교육 주체와 협력을 하고 있으며, 이를 통해 교육공동체 문화를 공고히 하는 데 기여하고 있다.

독일에서는 학부모를 공교육의 엄연한 교육 주체로 세우기 위해 '헌법'과 '주 기본법' 그리고 '주 학교법' 등의 법적 근거를 마련하고 있다. 이를 통해 학부모의 사회적 참여 의무를 강화하고 있는 것이다. 학부모 대표회는 학교교육과정뿐만 아니라 학교생활 및 활동에 협력해야 할 의무가 있는 주체로서 교사와 함께 협의체를 구성하고 협력한다. 또한 자원봉사자인 학부모 대표는 학부모들의 이익을 대변하고 그들의 의견을 학교에 제안하고 건의하는 역할을 수행한다.

[표 II-2] Bottom-up으로 구성되는 학부모 협의체 운영 방식

구분	혼합 협의체	학부모 협의체
학급	학급 돌보기(Klassenpflegschaft) 학부모 대표와 교사 대표는 교사 과업: 수업, 학부모 요구에 대해 협상, 위기 예방	학급 학부모회
학교	학교회	학교 학부모회(Elternbeirat)
학교운영 주체	학부모 대표, 교장, 학교운영 주체(교회, 지방정부, 법인)	전체 학부모대표회(Gesamtelternbeirat) 지역 학부모회
주정부 운영 주체	주정부 학교대표회의	주정부 학부모회(Landeselternbeirat) 연방 학부모회(Bundeseltern)

출처: 김영철 외 (2016)

피히텔게비르게 학부모회는 독일 학부모 연대의 훌륭한 사례가 될 수 있다. 베를린시 피히텔게비르게 초등학교는 85% 학생이 이민자 가정으로 독일어 교육 외에도 모국어를 위한 교육을 지원하고 있다. 학부모들의 교육열이 높아 학부모회 참석에 열성적이지만 언어 장벽으로 인해 원만한 회의와 협력이 제한적인 현실에 직면해 있다. 이를 해결하기 위해 초등학교는 학부모회 진행을 모국어와 독일어로 하고 있으며, 그 결과 다양한 민족적 배경을 가진 학부모들의 적극적인 참여와 협력을 이끌어 내고 있다. 또한 이민자 학부모와 독일 학부모를 연결시키고, 이민자 학부모를 위해서는 독일어 전문 강사를 초청하여 언어 교육 기회를 제공하고 있다. 이러한 노력의 결과 학교 학생들의 전

반적인 학업성취도를 향상시키고, 이민자 가정의 교육 문제나 사회적 부적응을 해소하는 교육적 모델이 되고 있다.

미국이나 캐나다와 달리 독일 교육공동체는 학부모와 학생, 교사, 학교, 교육청 등 다양한 교육 주체들이 협업하는 특성을 지니고 있다. 또한 학교와 교사는 학생뿐만 아니라 양육의 의무를 수행하는 부모에게 자녀 양육 및 교육에 대한 지원과 관리도 제공하고 있다. 그 외에도 청소년을 위한 직업교육은 민·관의 협동으로 이뤄지기 때문에 학생들은 지역공동체 만들기에도 적극적으로 참여하고 있으며, 학교 밖 자치 활동을 통해서도 성장이 이루어진다. 독일은 사회경제적 배경 때문에 소외되는 아이들을 위한 공적 체제를 만들기 위한 민주시민 교육공동체를 운영한다. 학교는 교육 및 수업에 대한 정보를 학부모에게 공개하고, 학교와의 소통을 통해 학부모의 교육과정 참여권을 보장하고 있다.

교육적 협력과 상생을 위해 학생, 교사, 학부모 간의 만남과 소통 관계 맺기를 중요시하고, 학부모의 양육력을 신장시키기 위해서 국가수준의 성인교육 평생교육권을 보장하고 있다. 학교는 학부모가 양육의 의무를 수행하도록 지원·감독하며, 학부모회는 이에 대해 학교 후원을 위한 바자회 등의 행사를 열어 기금을 마련하는 등 지속적인 상호작용을 유지하고 있다. 독일 학부모회 활동의 궁극적인 목적은 모든 계층의 아동이 교육평등권을 보장받도록 시민의식을 실천하는 것이라 볼 수 있다.

- 2부 -

실천

III.
마을교육공동체 운영 원리

이 장에서는 마을교육공동체가 어떠한 원리로 구축·운영되는지 유관된 사회과학 이론들의 재해석을 통해 살펴보고자 한다. 풀뿌리적 실천으로부터 시작된 마을교육공동체 운동이 앞으로는 그 실천에서 더욱 정책화 혹은 제도화된 모습을 띠게 되리라는 점은 그렇게 어려운 예측이 아니다. 이런 점을 감안하면 이제는 마을교육공동체에 대한 이론적이고 철학적인 토대를 만들어서 그 지속가능성을 높여야 할 필요성이 확대된다. 마을교육공동체의 이론적 토대를 만들기 위해 이 책에서는 복잡성 과학complexity science에 기반을 둔 생태주의적 접근, 사회적 자본, 그리고 교육 거버넌스라는 세 가지 관점을 바탕으로 지역사회를 기반으로 하는 교육공동체를 이해해 보고자 한다.

첫째, 생태주의적 접근은 교육공동체의 특징과 개념 그리고 교육적 목표와 지향을 제시하기 위한 유효한 이론적 근거를 제공한다. 자연환경의 모든 구성체가 서로 연결되어 온전한 생태계를 유지하듯 사회생태주의의 관점에서 사회의 다양한 요소들은 서로 분절되어 있는 것이 아니라 유기적 상호작용을 통해서 비로소 온전한 구성체가 되는 것이다. 이러한 관점은 지역사회 교육을 위해 지역과 학교를 연결하고, 민과 관을 협력시키고, 지역사회를 연대시키고자 하는 마을교육공동체의 본질적 접근과 맥을 같이한다. 또한 이러한 접근의 생태적 자발성과 지속가능성을 설명하기 위해서는 복잡성 과학에서 밝혀낸 자기조직화의 원리, 창발성이나 공진화 원리 등을 적용해 볼 필요가 있다. 이를 통해 마을교육공동체가 스스로 조직회되는 하나의 유기체적 특성이 있음을 확인하고, 그 지속 가능성 위해 어떠한 원리가 필요한지 제안할 수 있다.

둘째, 사회적 자본에 관련한 논리들은 지역사회를 기반으로 하는 교육공동체 구축을 위해 어떠한 지역적 토대와 조건 등이 조성되어야 하는지를 제시하는 데 적합한 이론적 근거를 가지고 있다. 그동안 사회society와 조직gesellschaft를 구축하고 작동하게 하는 원리를 찾기 위한 우리의 관심은 주로 물질적이고 경제적인 자본에 집중해 있었다. 하지만 이제는 공동체gemeinschaft를 구축하기 위해서 구성원 간의 인간적인 네트워크와 신뢰가 바탕이 되어야 한다는 관점이 점차 부각되고 있는 상황이며, 이러한 측면에서 사회적 자본이라는 이론적 접근은 지역공동체 구축을 위한 중요한 시사점을 제시하고 있다. 이제는 지역사회마다 교육적 현안을 해결할 수 있는 교육적 자본이나 토대적 역량이 다를 수 있다는 점, 그리고 이러한 차이로 인해 삶과 교육의 질이 결정된다는 점을 점차 인식하고 있는 추세이다.

셋째, 교육뿐만 아니라 사회 전반적인 영역에서 분권과 자치는 시대적 요청이자 흐름이다. 다자간의 교육 주체들이 의사결정 과정에 참여하고 이에 대한 책임과 권한을 공유하는 교육 거버넌스 개념은 마을 교육공동체 운영의 핵심적 원리를 제공한다. 교육공동체를 위해 지역사회와 학교가 자생적으로 협력하는 시스템을 구축하려면 구성원들의 자치적 관심과 참여가 전제되어야 한다. 최근에는 혁신교육지구사업 등을 통해 교육공동체를 구축하기 위한 일반자치와 교육자치의 협력 사례를 확인할 수 있다. 이러한 교육협치를 위한 공생의 관계가 지속가능하려면 소위 밀하는 관(교육정과 시사체)반의 협력관계를 넘어서 이제는 주민자치가 함께해야 한다. 따라서 일반자치와 교육자치 그리고 주민자치가 어우러지는 교육 거버넌스 체계를 구축하기 위한 새로운 방향과 방안이 모색되어야 한다.

[그림 III-1] 마을교육공동체의 이론적 토대

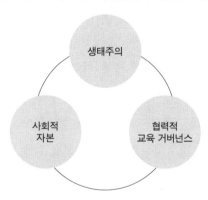

1. 생태주의 교육: 상생과 공진화를 위한 교육

가. 생태적 교육

생태사상

최근 우리 사회에서 다양한 목적, 성격, 형태를 지닌 마을공동체가 확산되고 있다. 특히 공동육아를 목적으로 처음 시작된 작은 모임이 공동체 교육을 위한 대안학교 운영으로 발전하고, 더 나아가 다양한 공동체적 활동과 조합을 형성해 지역사회의 협력과 부흥을 도모하는 사례들이 늘어나고 있다. 이러한 공동체를 '생태공동체' 혹은 '생태적 마을공동체'라고 부르기도 한다. 생태적 마을공동체의 개념은 지역이나 마을이라는 물리적 공간에 기반한 공동체에 대해 생태주의 사상을 접목한 것으로 기존의 지배논리, 인간중심 사상, 결정론에 입각한 과학적 방법론 등을 부정하고, 주변 환경과 또는 다른 개체와의 균형과 조화 그리고 변화와 상생을 만들어 나가기 위한 새로운 패러다임으로 전개되고 있다.김대홍, 2010; 박이문, 1995; 정한호, 2009

생태주의는 환경이나 자연생태계의 위기를 단순히 개발방식의 개선 정도로 접근하는 것이 아니라 근대 이후 인류가 이룩하여 온 모든 문명과 가치관, 세계관, 삶의 방식 전체를 근본적으로 바꾸어 보려는 태도라고 할 수 있다.이종태, 1999: 7 생태사상가들이 가지고 있는 가장 일반적이고 핵심적인 입장은 '생명존중사상'이다. 근대과학의 중요한 기본 가정 중의 하나는 자연을 하나의 거대한 기계로 보고, 자연 속 생명체들 간의 관계를 부품들 간의 기능적 관계로 파악하는 '원자론적, 기계론적 세계관'이다. 이러한 세계관에 입각한 방법론은 환원론적·결정론적 접근이다. 물질과 현상을 이해하기 위해 전체를 부분으로 나누는 분석적 방법(환원론) 그리고 원인과 결과를 단순 도식화하는 실증적 방법(결정론)은 유기적 구성체(생명체)들을 하나의 기계 부품으로 여겨 그들의 내재적 가치와 생명력은 무시한 채 도구적 가치만을 부각시키게 된다.

생태사상가들은 근대과학의 이러한 접근에 내재된 파괴성에 주목하며, 현대의 위기를 극복하기 위해서는 기본적으로 유기적 상호작용으로부터 시작되는 생명성을 존중해야 한다는 가정에서부터 출발한다. 이러한 생명존중사상은 '정신적 가치spirituality의 회복'과 '생명 평등주의'와 연결된다고 볼 수 있다.오만석, 2011 여기서의 생명은 인간을 포함한 모든 유기적 생명체뿐만 아니라 이들의 상호작용으로 생성되는 생태적 구성체를 포함하는 개념이다. 따라서 생태주의가 지향하는 '유기체적·총체적 세계관'은 구성원들 간의 상호 연결된 전체로서 생태계生態系에 관한 인식이라고 볼 수 있다.

물질의 세계는 결코 정신세계와 분리될 수 없으며, 우주를 포함하여 자연은 스스로 균형과 조화를 이루는 생명력을 가지고 있다. 근대과학의 환원론을 부정하는 복잡성 과학의 총체성 원리도 이와 비슷해서 '전체는 부분의 총합 이상의 것'으로 본다. 물질이나 현상을 부분으로 쪼개서 이해하는 분석적 방법으로는 물질세계는 물론이고 인간세계의 다양한 현상을 온전히 이해하는 것은 불가능하다. 생태주의의 생명은 결국 부분들 간의 유기성有機性에 기반을 둔 것이다. 부분들 간의 상호작용을 통해 만들어 내는 시너지synergy는 생태계의 생명이요 공동체의 정신이다. 이러한 시너지는 부분들이 분절적으로 작동하여 만들어 낼 수 있는 것이 아니다. 그동안 근대과학이 심신이원론(정신과 물질의 분리)을 견지하고 물질에 대한 기계론적 자연관에 입각한 방법론에 토대를 둠으로써 학문 간의 세분화가 이루어졌고 세계에 대한 총체적 혹은 전일적인 이해를 어렵게 만들었다

공동체에 대한 이해 또한 분석적·논리적 접근으로는 분명 한계가 있다. 공동체를 구성하는 개개인은 독립된 개체이지만 이들이 지역적 그리고 관계적 네트워크 안에서 서로의 상호작용과 협력으로 만들어 내는 시너지는 개인의 단순한 조합으로 만들 수 있는 것이 아니다. 단순히 개인들이 모여서 공동체가 되는 것이 아니라, 구성원들의 유기적 상호작용을 통해서 생태적인 공동체가 만들어지는 것이다.

생태적 지식관

입시 위주의 경쟁적 교육의 가장 큰 문제 중 하나는 지식과 삶이 분리되어 있다는 점이다. 학생은 자신이 배운 지식이 그들의 삶과 환경에 어떠한 의미가 있고 어떻게 관계되는지 이해하지 못한 채 배운다.노상우·김관수, 2007: 82 그 결과 학교에서 배우는 지식은 학생들의 실제 삶에서 활용하기가 어려운 죽은 지식이 된다. 학교교육은 시험 준비를 위한 것이고, 학습은 도구적 지식의 습득 과정이며, 학습의 결과는 삶을 풍요롭게 하지 못한다.

오늘날 객관주의적 지식관은 과학적 방법을 통해 엄밀하게 확정된 지식만을 신뢰할 수 있다는 가정하에 지식을 철저히 수준별·영역별로 분리시켜 가르쳐야 한다는 논리를 가지고 있다. 그렇기 때문에 학교교육에서의 지식은 개별 교과 영역으로 분리되고 표준화되어 학생들에게 전달된다._{노상우·김관수, 2007} 이러한 교육에서 지식의 사용은 자연과의 조화와 통섭이라기보다는 인간을 위한 기술적·도구적 활용에 집중한다.

이에 반해 생태주의는 유기체적·전일적 관점에서 세계를 이해하기 때문에 생명체들 간의 '상호의존성interdependence'을 강조한다._{오만석, 2011} 이러한 관점에서 생태주의 지식관은 자연과 물질, 인간 간의 관계에 초점을 둔 '관계적 지식관'의 입장을 취한다. 배움과 앎의 개념은 현상에 대한 표피적 이해가 아니라 관계적 통찰에 근접한다. 생태적 앎은 자신의 삶과 그 삶을 둘러싼 관계성에 관한 탐구이고 체험을 통한 가치적 접근이기 때문에 교육의 이론과 실제는 자연스럽게 연결된다._{노상우·김관수, 2007}

생태주의가 지향하는 '상생의 관계'는 타자를 도구화하고, 대상화하고, 착취하는 개인중심성을 지양하고, 공동체의 한 구성원으로 더불어 살아가는 인간상을 지향한다. 따라서 생태적 교육은 획일적인 교육과정이나 교과서 그리고 단선적 평가 등으로 대표되는 기존의 교육방식을 부정적으로 바라본다. 생태적 교육에서 배움은 관계적이고 과정적이기 때문에 학생들이 교사의 세계에 들어오고, 교사가 학생들의 세계에 들어오는 방식으로 공통의 세계에 대한 공유를 통해 이루어진다.

생태적 교육 원리와 교육과정

이러한 생태적 교육의 접근 방식은 몇 가지 원리로 제시할 수 있다. 김귀성·노상우, 2001; 안승대, 2009; 이천일, 2002

첫째, 생태적 교육론은 교육 주체들 간의 상호작용을 기반으로 하는 '관계성의 원리'를 들 수 있다. 국가와 학교, 교사와 학생 등의 교육 주체들이 상호 교류하는 관계의 그물망 속에서 서로 연결되어 있는 관계적 특징을 지닌다.

둘째, '상생의 원리'이다. 기존의 학교교육 원리가 경쟁이었다면 생태주의적 교육 원리는 상생이다. 공동체 안에서 타자와의 공존과 협동을 위해서 나눔과 배려 그리고 관계 맺음을 학습하고 실천해야 한다. 교사와 학생을 포함한 모든 관계가 일방적인 것이 아니라, 서로 배우고 가르치는 상호 존중과 보완의 관계가 이루어져야 한다. 경쟁적 학습과정에서의 관심은 학습력이 우수한 학습자들에게 집중되지만, 생태주의 교육에서는 모든 학생이 상생을 위한 주체가 된다.

셋째, '맥락성의 원리'이다. 생태주의 교육에서 배움은 지식의 습득이 아니라 지식의 구성이자 확대이다. 이러한 지식의 구성과 확대를 위해서는 학교 안팎에서 올바른 학습생태계learning ecosystem를 구축하기 위한 노력이 선행되어야 한다.Bronfenbrenner, 1992 지식이 삶(생활)과 분절될 수 없기 때문에 학교와 지역사회를 기반으로 하는 학습생태계 안에서 학생들은 타자와의 상호작용, 관계, 맥락적 경험 등을 통해 스스로 배움을 실천development-in-context할 수 있는 것이다.

넷째, '자율성의 원리'이다. 생태적 교육론은 교육 주체의 성격을 자율성으로 보고 있다. 즉 교육 주체들은 스스로 자기를 조직하고 진화해 나가는 자율적 존재이다. 학생 자율적으로 배움활동의 주제를 기획하고 실천하고 평가해 나가는 과정을 통해 지식의 확산과 상호 발전(공진화)을 경험할 수 있다.

마지막으로. '다양성의 원리'이다. 자연 및 사회생태계 속에서 다름과 같음이 공존하고 상호 간의 차이를 통해 시너지가 발현될 수 있듯이 역동적이고 생태적인 배움이 이루어지기 위해서는 학습 환경과 주체들의 다양성이 전제되어야 한다. 기존의 표준화된 학습 방법과 내용으로 삶과 학습을 일치시키는 것은 한계가 있을 수밖에 없다. 열린 학습생태계에서 배움의 주체, 내용, 방법은 다양할수록 집단지성의 풍부함을 담보할 수 있다.

이와 같은 생태적 교육을 위한 학습 방법으로 경쟁보다는 공진화를 지향하는 '협동학습'이 적합하다. 협동학습은 '학생들이 스스로 주제를 선정하고, 그 주제와 관련된 교과목을 통합적으로 학습하고 경험함으로써 학생들에게 비판적·유기적인 사고 능력을 배양시킬 수 있다.양미경, 1997 생태적 교육에서 강조하는 상생의 교육 방법은 교사와 학생이 목표를 공유하고, 아이디어와 자료를 나누며, 과제를 공동으로 설정하여 분업하고, 일의 수행 결과를 함께 공유하는 상호작용의 과정이 중요하게 취급된다.노상우·김관수, 2007: 85 즉, 교사와 학생이 수평적인 관계에서 서로 지식과 정보를 공유하고 협력하는 상호작용을 통해 교육이 이루어지는 것이다.

이러한 협동학습은 프로젝트 중심의 배움활동과도 부합한다. 일반
적으로 프로젝트 모형은 관련 교과 담당 교사와 학생이 소집단을 구
성하거나 관련 교과 전체 교사와 학생들이 학습할 가치가 있는 특정
주제에 대하여 서로 협력하면서 심층적으로 탐구하는 방식이다. 이러
한 프로젝트 학습을 형성하는 핵심적인 요소는 학생이 학습의 전 과
정에 주도적으로 참여한다는 점, 다양한 주제와 쟁점을 중심으로 이
루어지는 학습이라는 점, 학생들이 스스로 만들어 가는 교육과정이
라는 점 등이다. 다시 말해서 프로젝트 학습은 학생이 교사와 함께
계획하며 운영하고 평가하는 과정을 통해 지속적인 변화를 경험하는

[표 III-1] 전통적 교육과 생태적 교육의 비교

구분	전통적 교육	생태적 교육
목표 / 지향	개인 발전 / 경쟁	공동 성장 / 상생, 협력
세계관(자연관)	철저한 인간중심	탈인간중심
정신과 물질 관계	심신이원론(분리)	심신일원론(통합)
지식관	기계적, 객관주의적	유기체적, 총체적
관계성	독립적	상호 의존적, 관계적
가치 판단	가치중립적	가치지향적
생활과의 관계	생활(삶)과 분리	생활(삶)과 일치
교과 간 연계	개별 교과	교과 연계, 통합(또는 융합)
교육 방법	교과서, 이론, 수업	프로젝트, 사례, 체험
교육과정	표준화	다양화
학습 방법	경쟁적인 개별화된 학습	협동학습
수업 방법	수준별·영역별 분리 수업	통합식 수업
지식·정보 생성	전달	공유

자료: 노상우·김관수(2007), 안승대(2009), 오만석(2011) 등을 종합·보완하여 정리한 것임

방식이다.

이와 같은 프로젝트 학습을 통한 교과 연계식 수업은 우선 배움과 삶이 연계될 수 있으며, 학생들이 수업에 적극적·능동적으로 참여하고, 상호 간에 공유와 협력을 통해 의사결정을 할 수 있으며, 그 결과에 대한 책임도 함께 가지게 된다는 점에서 공동체적 학습 방식이라고 할 수 있다.

생태적 교육관에 입각한 배움의 과정은 학교의 안과 밖을 구분하지 않고 지역사회라는 삶의 터전에서 타자와의 상호작용이나 경험을 통해서 이루어지는 확장적 실천이다. 이러한 생태적 교육을 통해서 배움을 학습자들의 삶과 일치시킬 수 있다. 그동안 우리 교육이 교과서와 시험에 의지하는 지식 전달을 주된 목표로 삼아 오면서 교수-학습 활동이 맹목적이고 탈맥락화된 방식으로 진행되어 왔다. 배움이 삶과 분리되면서 학습 동기부여나 교수 방법이 편협하고 일방적일 수밖에 없었던 것이다. 하지만 생태적 교육은 배움이 삶의 맥락 속에서 이루어지는 것이며, 타자와의 유기적인 네트워크 속에서 상호작용이라는 방법을 통해서 이루어진다. 학교가 하나의 교육공동체가 되고 더 나아가 배움활동이 지역사회를 기반으로 하는 공동체 교육으로 확장되기 위해서는 이와 같은 생태적 환경 속에서 사회-맥락적인 교육의 기회를 제공하고 활발한 상호작용을 전개할 수 있는 교육과정이 마련되어야 한다.

이러한 생태주의적 접근은 최근에 교육과정과 학습 방법에서 새로운 변화를 일으키고 있다. 과거 경험주의 교육관에서는 학습자들의 배움은 반복적이고 기술적인 학습을 통해서 객관적 진리와 지식을 습득하는 것이었다면, 생태주의적 관점에서의 배움은 학습자들이 학습생태계 안에서 관계 맺음, 상호작용, 경험 등을 통해 스스로 지식을 구성하고 확대해 나가는 과정이다.노상우, 2007; 이천일, 2002: Davis, 2004 이러한 교육관에 입각한 교육의 목표는 인간과 환경 그리고 인간과 인간 사이에 생태적 유대성을 존중하고 지속가능한 발전을 위해 배려와 상생을 실천하는 공동체적 인간을 육성하는 것이라 할 수 있다. 따라서 생태주의 교육에서 가르침과 배움이 학교라는 틀에서 정체되거나 고립되어서는 안 된다. 지역사회의 환경과 맥락 속에서 끊임없는 상호작용을 통해 학생 스스로 경험하고 실천함으로써 학습이 이루어지는 것이다.

공동체적 배움은 자신이 속해 있는 지역사회라는 삶의 터전에서 배려와 수용 그리고 상생을 위한 민주적 시민으로서의 자질을 함양하는 것이고 더불어 살아가는 공동체적 삶의 방식을 습득하는 것이다. 하그리브스와 셜리2015가 이야기하는 기존의 제1과 제2의 교육의 길에서 보자면 이러한 생태적 교육은 지식의 전달이나 경쟁 우위를 선점하는 공부와는 거리가 있다. 오히려 그러한 관점에서 보자면 생태적 교육은 기존의 주지교육과 너무도 동떨어져 있기 때문에 비교육적으로 보일 수도 있다. 하지만 앞으로 우리가 걸어가야 할 제4의 길은 지역사회를 기반으로 하는 평생학습이며, 이때 평생학습은 평생 배운다는 의미와 함께 삶에 대해 배우고 삶을 위해서 학습한다는 포괄적 개념으로 이해될 수 있다. 하그리브스와 셜리는 학교교육 제4의 길을 위해 '삶을 통한 학습, 삶에 대한 학습, 그리고 삶을 위한 학습'을 위한 교수-학습 방법과 교육과정의 개발이 중요하다고 주장한다. 이는 마을교육공동체를 위한 공동체 교육과 생태적 교육이 지향하는 철학적 관점과 일치하는 바이며, 우리의 미래 교육과정의 목표가 되어야 할 부분이다.

나. 교육생태계의 구조

마을교육공동체는 사람들이 서로 연결되어 있고, 협력과 상생의 방식으로 교육이 이루어지고, 학습의 결과가 모두가 성장하는 공진화로 나타나는 하나의 교육생태계이다. 한 지역사회가 교육생태계가 될 수 있고, 학교나 심지어 하나의 학급도 생태적 속성을 가지고 있는 작은 교육생태계가 될 수 있다. 그렇다면 어느 지역, 학교, 학급을 교육생태계라 부를 수 있을까. 생태적 마을교육공동체가 활성화되어 있는 지역은 그렇지 않은 지역과 다양한 측면에서 분명한 차이가 있을 것이다. 위에서 밝힌 생태적 교육의 특성과 원리를 바탕으로 교육생태계의 구조를 제안해 보면 다음과 같다.

먼저, 교육에 대한 생태적인 철학과 비전이 있어야 한다. 교육생태계가 지향하는 교육의 목표는 생명을 중시하고 서로를 존중하는 공동체적 인간을 육성하는 데 집중해야 한다. 이를 위해 서로 간의 경쟁이라기보다는 협력과 소통을 통한 상생의 교육이 이루어져야 하고 이를 통해 공동체 구성원 모두의 성장을 도모하는 공진화가 나타나야 한다. 생태적 교육에서 배움은 총합적 역량으로서 삶의 문제를 해결하고 자신의 미래를 설계하는 데 기여해야 한다. 이러한 역량은 개별적 노력과 경쟁적 차별성으로 함양되는 것이 아니라 함께 고민하고 경험함으로써 발현되는 창발적 집단지성의 힘으로 축적될 수 있다.

둘째, 생태적 교육철학과 비전은 교육의 내용과 실천에 반영되어야 한다. 생태적 교육과정은 학습자의 다양성을 존중하고 지역사회의 특성이나 삶의 실천을 바탕으로 하는 교수·학습의 체계이다. 교과 간의 구분이 아니라 통합적 연계를 통해 삶의 실제에 의미를 부여하는 학습 방법이 적극적으로 적용되어야 한다. 그리고 이를 위해서는 개별적 학습에만 의존하는 것이 아니라 학습자가 주도하는 프로젝트 중심의 협동학습이 이루어져야 한다.

셋째, 교육생태계를 구축하기 위해서는 교육 목표와 내용을 실현시키는 지원적 환경과 장치가 마련되어야 한다. 마을교육공동체의 주체는 이제 학교와 교육청을 위시로 하는 교육 기관만이 아니라 지역사회나 다른 공적 영역을 포함할 수밖에 없다. 이러한 교육 주체들이 유기적 연대와 파트너십을 바탕으로 지역의 교육 네트워크가 형성되어야 생태적 교육이 이루어질 수 있다. 이러한 생태적 교육 거버넌스 체계를 구축해 지역사회 어디서나 주민과 아이들의 배움이 촉진되는 공간과 시설을 확보해야 한다. 또한 이를 운영·관리하기 위한 중간지원 조직을 설치하여 언제, 어디서나, 누구와도 배움이 일어나는 지역사회 공동체 문화를 조성해야 한다.

[표 III-2] 교육생태계의 구조

구분		교육생태계의 구조
생태적 교육철학	교육 목표(인재관)	상호 존중, 경쟁보다는 상생, 모두가 성장하는 공진화
	세계관 (자연관)	유기적 연대를 기반으로 한 생태적 공동체
	지식관	단편적 지식이 아니라 통합적이고 총체적인 문제해결 역량
	지식·정보 생성	집단지성의 창발적 시너지
생태적 교육과정	교육과정	다양화/지역화/맥락화
	교육 방법	삶과 배움의 일치
	교과 간 연계	유기적 통합
	교수-학습자의 관계	상호 의존적이고 보완적인 공동체적 관계
	학습 방법	학생자치적 프로젝트 중심의 협동학습
생태적 교육환경	교육 거버넌스	일반자치, 교육자치, 주민자치와의 결합
	지역교육네트워크	교육 주체 간 유기적 연대와 파트너십
	지역교육 인프라	교육 플랫폼(청소년이 주도할 수 있는 공간과 시설)
	나눔과 배려의 문화	언제, 어디서나, 누구와도 배움이 이루어질 수 있는 공동체 문화

다. 생태적 마을교육공동체 운영 원리

복잡성 과학

최근 활발히 논의되고 있는 복잡성 과학Complexity science은 생태계라는 유기적 구조와 원리를 통해 자연현상뿐만 아니라 교육을 포함한 다양한 사회현상을 재조명하려는 시도를 기울이고 있다. 이러한 복잡성 과학은 지역사회를 기반으로 하는 마을교육공동체 운영을 위한 생태학적 원리에 의미 있는 시사점을 제공하고 있다. 복잡성 과학은 결정론과 환원론이라는 전통적 인식론과 방법론에 대한 부정으로부터 출발한 자연과학의 한 분야이다.Capra, 1993; Prigogine, 1994 사회현상이나 자연현상을 이해하는 방식으로 그동안 우리는 인과관계를 기초로 하는 결정론적 사고와 분석적 방식을 통해 전체를 이해하고자 하는 환원론적 사고를 지향하였다.

하지만 자연생태계나 인간의 사회적 현상들 중 많은 부분은 단순한 인과관계로 설명될 수 없고, 분석적 이해로 통찰할 수 없는 많은 영역들이 있다. 다시 말해서 다양한 요소들의 상호작용의 결과를 바탕으로 하는 통섭적이고 총체적인 이해 없이는 어떠한 사실과 현상의 본질을 해석할 수 없는 경우가 많이 있다. 복잡성 과학은 과거의 과학적 방법론으로 설명되지 못했던 미지의 영역을 총체적이고 통합적 관점에서 드러내고자 하는 접근이며, 어떠한 결과에 영향을 미치는 너무도 많은 원인들에 대한 생태적인 관계를 설명하고자 하는 것이다. 이러한 과학적 접근은 현재 경영학, 경제학, 사회학, 행정학, 심리학 등 다양한 학문과 사회 분야에서 새롭게 이해되고 적용되고 있는 실천적 분야로 자리 잡고 있다.김용운, 2002

마을교육공동체를 위한 복잡성 과학 원리

교육학 분야에서도 자기조직화와 창발성의 원리를 적용한 학습 원리와 교육활동들이 소개되면서 복잡성 교육에 대한 논의가 확산되고 있는 추세이다. 마을교육공동체의 운영 또한 이러한 생태학적 접근을 기반으로 한다는 점에서 복잡성 과학의 원리가 시사하는 바를 적극적으로 모색할 필요가 있다. 이러한 관점에서 복잡성 과학의 총체성,

자기조직화, 공진화의 원리를 공동체 교육과 마을교육공동체 운영에 적용해 보면 아래와 같다.

1) 총체성의 원리

전체는 부분의 총합 이상의 것

자연과 사회의 모든 원리가 인과관계로 엮어진 선형적 관계라는 가정하에서는 '어떠한 교육적 상황도 그 원인을 알면 문제를 해결할 수 있다'는 결론에 도달하게 된다. 또한 이러한 해결을 위해 문제 상황을 분절적으로 요소화하고 각각의 요소들을 객관화시키는 실증적 접근이 필요하다. 하지만 현실은 이와 같지 않은 경우가 많다. 더욱이 대부분의 교육적 문제가 단순히 하나의 원인에서 촉발되는 것이 아니라, 다양한 사회적 문제와 상황 속에서 서로 얽혀 있다는 점을 어렵지 않게 알 수 있다. 이는 우리가 처해 있는 문제적 상황을 해결하기 위해서는 좀 더 종합적이고 유기적인 관점에서의 접근이 필요하다는 것을 시사한다.

복잡성 과학에서는 '전체는 부분의 총합 이상의 것이다'라는 총체적holistic 관점을 견지한다. 물질세계는 물론이고 다양한 사회현상도 예측 가능한 선형적 구조로 구성되어 있는 것이 아니라, 부분이 전체와 같은 구조를 가지면서 반복적인 자기조직화의 과정을 통해 확산되는 '프랙털' 구조를 가지고 있다.Yoshimasa, 1997 이러한 프랙털 구조에서는 각 요소들이 서로 분절적이고 독립적으로 존재하는 것이 아니라 자기유사성을 통해 서로 겹쳐지는(포개지는) 구조이기 때문에 요소들을 개별적으로 분석한다고 해서 전체를 이해할 수는 없다. 우리가 소위 말하는 시너지 효과란 단순히 개체 또는 요소들의 결합이 아니라 이들이 상호작용을 통해 본래 능력 이상의 긍정적 효과를 발휘하는 현상과 원리를 의미한다. 이러한 시너지 효과는 교육 주체들이 왜 교육공동체를 구축해야 하는지 그 이유를 제시하고 있다. 개인 혼자로는 해결할 수 없는 문제를 여럿이 함께 함으로써 해결할 수 있기 때문에 공동체가 필요한 것이다.

공동체 교육으로 이루어지는 학생들의 배움이란 교과서를 통해 학교에서 배운 지식들의 단순한 총합을 말하는 것이 아니다. 마을을 통해서, 마을에 관해서, 그리고 마을을 위해서 실천되는 학습을 바탕으로 학생들은 여러 교과의 맥락을 종합하고 각 교과의 심층적이고 차별적인 특성과 원리를 내면화하게 된다. 이를 통해 비판적이고 유기적인 사고를 배양할 수 있다.^{양미경, 1997} 최근에 부각되고 있는 역량 기반 또는 배움 중심 교육 또한 이러한 생태주의적 총체성을 바탕으로 이루어질 수 있다. 주제 중심의 통합적 교육과정과 프로젝트 중심 모둠 활동을 통해 개별적 지식의 습득을 넘어 다양한 지식을 융합하고, 문제해결 과정을 통해 총체적인 역량을 함양할 수 있게 된다.

느슨한 연대의 플랫폼: 탈중심적 연대

복잡성 과학에서 이러한 총체성 원리는 교육공동체의 구축 및 운영에 중요한 시사점을 제시한다. 그동안 교육관청, 학교, 지역사회, 시민단체, 지자체 등과 같은 교육 주체들은 하나의 공동체로서가 아니라 서로 분절적이고 독립적인 기관으로 각자의 역할을 수행해 왔다. 하지만 이제는 교육이라는 공통의 비전과 목표를 가진 여러 교육 주체들이 서로 상호작용하여 상생하는 생태학적 환경을 조성해야 한다. 이러한 교육 주체들의 연합은 이들의 단순한 합산이 아니라 그 이상을 추구하는 시너지 효과를 만들어 내기 위한 유기체적 연대이자 네트워크인 것이다.Capra, 1998 또한 이러한 네트워크의 구축은 사회생태주의가 표방하는 '자율적 지역자치'를 위한 기본 전제가 되는 것이며 김대홍, 2010; 안승대, 2009; Bookchin, 2007 이러한 맥락에서 교육공동체의 형성은 자율적인 교육자치를 위한 실천적 토대를 구축하는 것이라고 볼 수 있다.

공동체가 개인들의 단순한 조합이 아니라 시너지를 만들어 내는 유기적 생태계가 되기 위해서는 구성원들 간의 네트워크와 상호작용이 이루어져야 하고, 이러한 상호작용이 지속가능해야 한다. 마을공동체를 만들어 가는 실천가들은 종종 초기 활동의 어려움을 토로한다. 아무것도 없는 토대에서 새롭게 공동체를 만드는 것은 길고도 험난한 여정일 수밖에 없다. 하지만 이러한 활동이 일종의 임계점을 넘는 순간 공동체의 지속가능성이 담보된다.

공동체의 지속가능성을 결정하는 두 가지 요인을 찾아볼 수 있는데, 첫째는 정체성이다. '우리'라는 공동체 문화와 연대의식이 필요하다. 다양한 개인들이 모여 공동체를 이루는 것도 어려운 일이지만, 이를 지속시키는 것은 더욱 어렵다. 구성원들을 결속시키는 정체성이 없다면 공동체는 지속적일 수 없다. 복잡성 과학에서 이상한 끌개strange attractors의 개념은 공동체 개인들이 각자 다양성을 가지고 있지만 집단 정체성을 공유하며 결코 흩어지지 않고 결집되는 유대적 관계를 지속시키는 원리를 설명한다. 이상한 끌개는 1966년 기상학자인 로렌츠E. Rolentz가 대기의 흐름을 수학적으로 설명하는 과정에서 발견된 개념으로 자연환경이나 생태계의 현상들은 정확히 반복되는 일이 없기 때문에 예측 불가능하지만, 어떠한 구심점을 가지고 일관된 패턴을 그리면서 혼돈 속의 질서를 잡아 간다는 개념이다. 공동체의 정체성이 바로 그러한 구심점 역할을 하는 것이다. 마을교육공동체의 구심점이 될 만한 기제로는 지역의 문화나 정서, 리더십이나 헌신하는 활동가, 학교나 교사 소모임 등 지역의 상황과 여건에 따라 다양하게 나타날 수 있고, 이들(것)을 발판 삼아 마을교육공동체가 형성되고 지속된다.

그다음으로 필요한 것은 느슨한 연대를 위한 플랫폼(판)이다. 공동체가 확산성을 가지지 못하는 것은 그들만의 결속이 강해져서 외부환경과 상호작용을 하지 못하는 단계로 접어들었기 때문이다. 고인 물은 썩듯이 우리만의 공동체는 정체될 수밖에 없고 결국 생태적 순환성을 잃게 된다. 앞서 교육공동체의 기본 가치에서도 언급했듯이 그라노베터Granovetter, 1983가 주장하는 '느슨한 연대의 힘'도 같은 의미이다. 공동체의 지속가능성은 구성원 간의 강한 결속력이라기보다는 유연한 연대에 있으며, 건강한 공동체는 유연한 연대가 이루어질 수 있도록 외부 세계에 열려 있는 네트워크 구조를 가지고 있다. 구성원들이 서로 공존할 수 있는 느슨한 연대의 플랫폼을 구축하는 것이 공동체 운영의 중요한 원리이다.

2) 자기조직화의 원리

복잡성 과학에 따르면 자연의 생태계는 아주 단순하고 간단한 원리로부터 시작된다. 예를 들어 숲은 나무라는 간단한 계(개체)에서 출발하여 이보다 훨씬 복잡하고 잘 조직화되어 있는 계(숲)로 이행하는 자기 진화와 초월의 특성을 가지고 있다. 생태계의 시작은 단순한 규칙에 기초하지만, 끊임없는 자기복제와 상호작용을 통해서 스스로 조절하고 발전하여 더욱 체계적인 완전체가 되어 가는 것이다. 이러한 자기조직화의 원리는 개미들의 일사불란한 사회가 만들어 가는 스스로의 질서, 수천 킬로를 비행하지만 일정한 대오를 잃지 않는 기러기들의 비행, 눈송이나 나뭇잎이 가지고 있는 부분과 전체의 반복적 유사성 등 많은 자연생태계 현상 속에서 발견된다.김용운, 2002 살아 있는 생태 시스템은 부분이 전체를 모방하고 전체는 부분을 닮아 가는 속성에 의해 스스로 조직되고 진화하는 속성을 갖는다. 건강한 공동체도 하나의 살아 있는 시스템으로서 개인과 전체가 서로 닮아 가는 과정에서 스스로 조직화되고 진화하는 역량을 가지게 된다.

프리고진Prigogine, 1994은 소산구조dissipative structure라는 개념을 통해 자기조직화의 원리를 설명하고 있다. 소산구조는 비평형(혼돈)의 상태에서 에너지(혹은 물질의 흐름)의 끊임없는 출입을 통해 구성 요소가 자발적으로 비선형적인 상호작용을 하여 만들어지는 안정된 구조를 말한다. 역설적이지만 자기조직화란 비평형 상태(혼돈)로부터 시작되는 것이고, 서로가 닮아 가는 자기유사성과 상호작용 능력을 획득하여 새로운 질서를 확립하고 열린 시스템(생태계)으로 진화(창발)하는 속성을 의미한다.

부분은 전체를 닮고 전체는 부분을 닮는 구조: 프랙털

마을교육공동체가 잘 이루어지고 있는 지역을 다니다 보면 종종 그곳의 구성원들이 생각도 비슷하고, 말도 비슷하고, 그래서 하는 행동도 유사하고, 심지어 웃는 모습도 서로 닮아 있다는 점을 발견하게 된다. 공통의 목표를 가지고 '우리'라는 연대의식이 공유된다면 서로가 닮아 가는 것은 어찌 보면 자연스러운 현상일 것이다. 자연생태계가 그렇듯 부분은 전체를 닮아 가고 전체는 부분을 닮아 가는 중층적(프랙털) 구조를 이루고 있는 것이다. 단순하지만 공유된 문화와 규칙을 가지고 지속적인 성장을 이루고 있는 모범적인 지역이나 집단들을 살펴보면 이러한 자기조직화의 원리를 통하여 상생과 발전을 일상화하는 것을 알 수 있다. 성공적인 교육공동체 또한 이러한 자기조직화의 원리를 통해 작은 모임으로부터 시작되어 마을이라는 소공동체로 진화하게 되고, 이는 다시 지역사회를 기반으로 하는 하나의 커다란 교육공동체로 발전하게 되는 일정한 패턴을 보여 주고 있다.강영택·김정숙, 2012; 서근원, 2005; 양병찬, 2008

이러한 교육공동체의 자기조직화를 촉진시키기 위해서는 일단 열린 체계가 되어야 한다. 공동체 내부 구성원끼리 혹은 외부의 지역사회와 항상 소통하고 상호작용할 수 있는 열린 체계를 구축했을 때 비로소 에너지 혹은 공유된 신념이 확산될 수 있는 것이다. 자기조직화는 혼돈(비평형)의 가장자리에서 시작된다. 다시 말해서 구성원들 간의 차이와 다름은 흡사 혼돈과 무질서로 보일 수 있지만 이것은 자기조직화를 위한 일종의 에너지(엔트로피)인 것이다. 차이와 다름이 없다면 자기조직화를 이룰 동력도 없는 것이다. 건강한 마을교육공동체가 되기 위해서는 소그룹이나 작은 공동체들이 활성화되고 이들이 서로 상호작용과 연대를 통해 점차 자기조직화의 역량을 강화시킬 수 있도록 자율적 권한과 다양한 기회가 제공되어야 한다. 이러한 소공동체들이 상생을 위해 서로 상호작용했을 때 그 결과는 우리가 기대하는 것 이상의 건강하고 생태적인 교육공동체로 확대된다.

자기조직화의 원리는 학생들이 실천하는 공동체 교육에도 적용될 수 있다. 자기조직적 학습도 혼돈(현실 문제)의 가장자리에서 그 실마리를 풀어 가기 위한 과정이 되어야 한다.Cilliers, 1998 이를 위해서 교육과정은 미리 짜여져 있는 바에 의해 운영되는 기존의 방식보다는 현장과 맥락 속에서 학생들이 기획하고 구성해 나가는 방식으로 이루어져야 한다. 학습자들은 상호작용을 통해서 사회·자연·삶의 맥락 속에서 문제 상황을 해결하기 위해 협동적 학습을 공유하고, 이러한 과정을 통해 개인의 배움이 집단으로 확산되는 공진화의 과정을 밟게 된다.

3) 공진화의 원리

생태적 복잡계의 속성은 단순히 혼돈의 상황 혹은 완전한 무질서 상태로 정체되어 있는 것이 아니라, 끊임없는 자기조직화를 통해 거시적인 새로운 질서를 만들어 내는 것이다. 컴퓨터 시뮬레이션을 통해 하나의 자연생태계가 최초 혼돈으로부터 출발하여 체계적인 시스템으로 발전하는 과정을 검증하는 다양한 연구들이 있다.Resnick, 1996 창발성이란 하나의 생태계가 끊임없는 상호작용과 자기조직화를 통해 새로운 질서를 만들어 내고 그 지속가능성을 담보하는 속성을 의미한다.Prigogine, 1994 기존에 없었던 능력이나 질서가 어느 단계에서 새롭게 생기는 것이 창발이다. 이때 새로운 질서를 창출하고 지속가능성을 유지해 나가기 위해서는 그 생태계(공동체) 안의 객체(구성원)는 독립된 존재로서 역할을 하는 것이 아니라 서로 의지하고 협력하여 상생과 공진화를 꾀하는 보완적 존재로서 역할을 해야 한다. 마을교육공동체에서 배움의 결과는 개인적 발전과 더불어 공동체의 발전이 함께 이루어지는 공진화가 되어야 한다.

필연적 우연의 법칙

성공적인 마을교육공동체의 활동가들을 만나 이야기를 하다 보면 그들은 종종 "우리가 성공적이었던 이유는 정말 우연이었고 어찌 보면 행운이었다"라는 말을 자주 듣게 된다. 마을교육공동체를 만들기 위해 그들이 보여 준 노력을 생각하면 지극히 겸손한 표현이라는 생각도 들지만, 실제로 우연한 기회에 시작된 작은 흐름이 결국 큰 강물이 되는 사례를 어렵지 않게 확인하게 된다.

"우리 아파트촌에서 마을공동체 첫 모임을 가질 수 있었던 것은 우연히 받게 된 얼마 안 되는 시청 지원이었어요."

"폐교를 앞두고 있던 학교에서 김 선생님이 시작한 마을과 함께하는 연극 수업은 일종의 우연이었다고 봐야죠."

"이렇게 헌신적인 박 과장님이 우리 구청으로 새로 온 것은 정말 행운이었습니다."

이와 같은 덕담과 우수한 사례에서 우연과 행운은 빠지지 않는 단어다. 만약 우수한 마을교육공동체에서 언제나 이러한 우연이 일어난다면 이것은 과연 우연일까 아니면 필연일까. 우연의 싹이 자라지 않는 곳에서 성공의 필연은 있을 수 없다. 자연의 생태계가 유지되고 성장하는 것이 우연의 연속이듯 공동체의 성장에도 우연의 싹이 이곳저곳에서 자라야 한다. 공동체를 만들기 위한 선의善意는 쉽게 뭉쳐지지 않는다. 사회적 자본이라는 토대(네트워크와 신뢰)가 있어야 하기 때문이다. 선의라는 우연이 모여 필연이 되는 순간이 임계점이고 이 임계점을 넘었을 때 비로소 공동체의 시너지와 창발이 만들어지는 것이다. 이 임계점을 넘기까지 언제나 지난한 노고와 희생이 수반되는 것이다.

창발(공진화)은 구성인자들이 가지고 있는 개별적 속성과 능력의 총합을 넘어서 자기 초월적 능력을 발휘하는 유기체적 속성을 의미하기 때문에 교육공동체가 왜 구축되어야 하고 무엇을 향해 진화되어야 하는지에 대한 방향성을 제시하고 있다. 서로 분리되었을 때의 효과보다는 함께했을 때의 효과가 훨씬 더 초월적이며 지속가능하다면 그것은 건강한 교육생태계인 것이다. 이러한 교육공동체에서는 개인도 성장하지만 지역과 공동체도 함께 성장하게 된다. 마을교육공동체를 통해서 공교육을 살리고 모든 학생이 성장(공진화)하는 미래지향적인 접근이 이루어져야 한다.

숲이라는 생태계 안에서 각각의 생물들은 경쟁을 통해 진화하지만 숲이라는 전체도 공진화하듯이, 공동체적 학습은 학습자 스스로의 성장도 도모하지만 학습 환경에 터해 다른 구성원들과 더불어 성장하는 배움의 과정을 밟는다.유영초, 2005 경쟁 위주의 학습 환경에서 학습의 결과는 학습자 개인에게 귀속되지만, 생태적 학습 환경에서의 결과는 개인뿐 아니라 공동체 즉 지역과 사회에 다시 환원되는 선순환적 구조를 가지게 된다. 마을을 통한, 마을에 관한, 마을을 위한 교육이 실천되는 것이다. 학습생태계에서 이러한 진화의 과정은 처음에 우연적 시도로 시작되는 작은 움직임이었겠지만, 임계점을 넘어서는 순간 나비효과butterfly effects와 같은 예측 불가능한 파급력으로 창발(확산)될 수 있다.

4) 생태적 공동체의 순환

마을교육공동체 실천의 모습은 다양하다. 예를 들어 공동육아로부터 시작된 공동체적 모임이 성장하여 대안학교를 만들고 지역교육을 가꾸어 나가는 사례, 학교가 중심이 되어서 교육과정 운영을 지역과 함께하며 교육공동체를 만들어 가는 사례, 공적 영역이나 교육센터를 거점으로 지역의 교육력을 증진시켜 나가는 사례 등 그 실천의 모습은 지역 여건에 따라 제각각일 수밖에 없다. 하지만 성공적으로 마을교육공동체를 구축하고 이를 지속가능하게 만드는 사례들에서 공통적으로 나타나는 일종의 순환적 구조를 발견할 수 있다. 지역에 기반한 교육공동체를 만들고 운영에 나가는 과정에서 위에서 언급된 생태적 원리들이 어떻게 적용되는지 그 과정을 살펴보면 다음과 같다.

[그림 III-2] 생태적 공동체의 순환

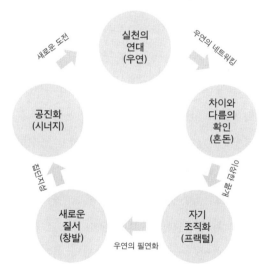

생태적 교육공동체의 토대적 조건으로 학교와 지역사회에서 이루어지는 다양한 실천과 새로운 시도가 전제되어야 한다. 어느 학교의 교사가 교육과정을 재구성해 마을교육을 실천한다든지, 학교 밖 청소년들을 위한 배움터를 운영하는 지역 실천가라든지, 자신의 사업장을 지역 아이들을 위해 개방하는 기업가라든지 이러한 교육적 실천들은 체계적이고 조직화된 시도들이 아니라 사실 우연히 발생하는 산발적 도전들이다. 건강한 교육공동체를 위해서는 이러한 실천과 도전이라는 우연의 싹이 돋아날 수 있도록 허용적이고 개방적인 생태적 조건을 조성해야 하고, 더 나아가 이들이 서로 연대할 수 있도록 교육적 연결망을 만들어 줘야 한다.

실천의 연대 그리고 우연의 결합이 이루어지면 필연적으로 차이와 다름으로 비롯된 혼란이 발생하게 된다. 공동체라는 하나의 우산 아래 서로 다른 사람, 가치, 믿음, 철학이 공존할 수 있다. 초기적 과정으로 공동체 구성원이 서로의 차이와 다름을 확인하는 상호작용의 단계에서는 혼돈이 발생할 수밖에 없다. 하지만 자연생태계에서 긴장과 충돌이 항상 부정적인 것만은 아니다. 혼돈(엔트로피)은 새로운 질서와 창발을 위한 에너지(공동체의 원심력)로 작용할 수 있기 때문에 이를 회피하고 부정하기보다는 오히려 잘 관리하고 조정하는 관점이 필요하다. 그리고 이러한 관리와 조정을 위해서는 공동체의 구심점(끌개) 역할을 하는 기재(공동체의 구심력)를 만들어야 한다. 공동체가 역동적으로 움직일 때 구성원들이 차이와 다름으로 인해 튕겨져 나가는 것이 아니라 이들의 결속을 더욱 군건하게 하는 역할자가 필요하다. 예를 들면 성공적 마을교육공동체에서 종종 발견할 수 있는 주도적 촉진자(키맨)가 있을 수 있고, 지역의 자치적 리더십, 혹은 특유의 지역 문화 등 다양한 요소들이 그러한 구심점 역할을 할 수 있다. 건강한 생태적 교육공동체가 되기 위해서는 구성원들이 흩어지지 않게 서로의 끌개 역할을 하는 기재를 만들어 놓아야 한다.

공동체 구성원들 간의 상호작용을 통해 차이와 다름을 확인하는 혼돈의 과정이 어떠한 구심점으로 인해 안정화된다면, 그다음 단계로 구성원들 간의 자기유사화 과정을 거치게 된다. 서로가 서로를 닮아 가려는 속성, 구성원들이 공동체를 닮고, 공동체가 구성원들과 유사(프랙털 구조)해지는 자기조직화가 이루어진다. 교육공동체의 철학, 믿음, 가치, 그리고 실천의 공유가 확산되는 것이다. 이 과정을 거치면서 구성원들은 분절된 개인이 아니라 공동체라는 네트워크 안에서 서로 겹치고 포개지는 우리(이웃)가 되어 간다.

자기조직화가 심화되면서 공동체는 혼돈의 임계점에 도달하고, 이 임계점을 넘는 순간 그동안 그 지역과 구성원들이 가지고 있지 않았던 새로운 질서와 역량이 생성되는 창발이 이루어진다. 지역교육 역량이 가시적으로 나타나고 이를 바탕으로 학교와 지역사회에서 교육적 변화와 혁신이 현실화되는 것이다. 사실 이 임계점을 넘는 순간이 우연이 필연화되는 단계이다. 다시 말해서 그동안 산발적으로 진행되어 왔던 교육적 실천과 우연적 시도들이 이제는 체계적이고 조직화된 네트워크 안에서 새로운 질서를 창출하는 조건이자 토대가 되는 것이다. 성공적 마을교육공동체에서 확인할 수 있듯이 언제나 시작은 우연이었지만 그러한 우연적 시도 없이는 공동체의 성장과 발전도 없었던 것이다.

생태적 교육공동체에 새로운 질서와 역량이 확인된다면 이를 통한 집단적 시너지가 발생하고 그 결과로 공동체의 구성원 모두가 성장하고 공동체 전체가 발전하는 공진화가 이루어진다. 경쟁적 조직에서는 남이 이기면 내가 지고, 내가 이기기 위해서는 남을 눌러야 하는 삶의 방식을 유지해야 한다면, 생태적 공동체에서는 개인도 성장하지만 모두가 공진화하는 상생적 삶의 방식을 유지할 수 있다. 집단지성에 의한 시너지는 비선형적으로 나타나기 때문에 공동체의 공진화까지 도달하는 과정은 더딜 수 있지만, 일단 창발과 공진화가 일어나면 급속하게 번지는 속성이 있다. 때문에 공동체의 공진화는 내부 구성원들도 느낄 수 있지만 외부에서도 확연이 경험할 수 있다. 그래서 이 마을에서는 어떠한 일들이 벌어지고 있고, 사람들이 어떻게 살아가고 있는지 이야기와 소문이 번지고 외부 사람들의 관심을 받게 된다. 다른 마을과 구분이 되는 것이다. 이러한 공동체의 공진화가 지속가능하기 위해서 구성원들에게 필요로 되는 것은 학습이다. 외부 환경과의 상호작용이나 집단적 학습을 통해 우연의 씨를 뿌리고 싹을 가꾸는 새로운 도전이 지속되어야 한다.

2. 사회적 자본: 마을교육 자본과 지역교육력

그동안 우리나라는 산업사회를 거치며 고도의 경제 성장을 이루어
왔다. 이러한 경제 성장을 이끈 다양한 원인들 중에서도 우리나라의
교육제도와 이에 대한 국민적 열정이 절대적인 역할을 해 왔다는 점
은 누구도 부인할 수 없는 사실이다. 하지만 고도의 경제 성장에도 불
구하고 사회·문화적 측면에서의 성장은 여전히 미흡함이 있다. 특히
사회 구성원들의 관계나 규범 그리고 신뢰의 정도로 가늠할 수 있는
사회적 자본이라는 측면에서 우리나라는 여전히 선진국 대열에 들어
갔다고 하기에는 부족함이 있는 현실이다. 마을교육공동체의 의미를
통해서도 언급했지만, 지역사회를 기반으로 하는 교육공동체를 구축
하고자 하는 목표 중의 하나는 지역사회의 교육적 신뢰와 관계를 회
복하는 것이다. 이때 사회적 자본은 지역의 교육력을 증대시키기 위한
수단이자 교육공동체의 목표이기도 하다.

가. 사회적 자본의 개념

사회적 자본은 개인들 간의 관계에 내재해 있으면서 구체적인 행동
과 규범에 영향을 미치는 원천이며 이를 통해 공동의 목표를 효율적
으로 도달할 수 있게 만드는 사회적 특성이다.이재열, 2006 사회적 자본
의 개념은 다양할 수 있지만 그 대상의 범위에 따라 크게 관계적 자
본과 제도적 자본으로 구분할 수 있다. 관계적 사회자본은 개인이 자
신의 사회적 관계나 집단 소속 여부를 이용하여 가치 있는 자원이나

상징적 자원을 획득하는 능력을 의미하는 것이며, 제도적 사회자본
은 복수의 개인들이 공동의 참여나 제도에 대한 신뢰, 혹은 확립된 생
활양식에 대한 헌신을 통해 집합 행동의 이득을 누리는 것을 의미한
다.Krishna, 2000 이러한 사회적 자본의 개념은 학자마다 다양할 수 있지
만, 여기서는 대표적인 학자로서 콜먼Coleman, 부르디외Bourdieu 그리
고 퍼트넘Putnam의 주장을 중심으로 살펴보고자 한다. 콜먼과 부르디
외는 주로 관계적 자본에 초점을 둔 것과 달리 퍼트넘은 제도적 자본
에 보다 관심을 가지고 접근하고 있다.

콜먼은 사회적 자본을 경제학적 관점의 합리적 선택이론에 입각해
서 정의하고 있다. 콜먼은 사회적 자본을 특정한 목적(효용 극대화)을
달성하기 위해 필요한 사회적 관계나 구조, 즉 생산적인 사회적 관계
망productive social network으로 보고 있다.Coleman, 1988 예컨대, 콜먼은
사람들 간의 신뢰를 사회적 위험과 불안으로부터 효용을 극대화하기
위해 그 사회가 가지고 있는 특징이나 역량으로 해석한다. 또한 사회
에 내재되어 있는 규범은 상호 구속적인 관계에 있는 개인들 간의 합
리적 타산에 기초한 "포괄적인 신용과 부채extensive credits and debits"
로 정의한다.Coleman, 1988: S103 다시 말해서 규범은 사회적 효용을 높이
기 위해 서로를 구속하는 합리적 규약이기 때문에 이에 대한 득과 실
에 따라 개인을 '제재'할 수 있는 근거가 된다. 결국 경제적 득실을 계
산해 볼 때 사회적 자본이라는 신뢰와 규범이 없다면 그 사회는 그만
큼의 사회적 비용을 감수해야 하는 개념이다.

부르디외는 사회적 자본을 상호 면식(알고 있음)이 사회에 내재(제

도화)되고 지속화된 관계망을 집단적으로 소유하는 것이 구성원들에게 신용과 자본으로 보증되는 것이라고 정의한다.Wacquant, 1992 사회적 자본은 구성원들 서로가 서로를 알고 지내고 이러한 인간적 관계망이 구성원들에게 사회적 이익으로 환원되는 것을 의미한다. 부르디외가 강조하는 점은 사회적 자본이 형성되기 위해서는 장기간에 걸친 투자가 선행되어야 하는데, 이러한 투자를 감당하기 위해서는 경제적 비용뿐만 아니라 생활의 장에서 내면화된 관행과 의식이 필요하다는 점이다.이재열, 2006 부르디외의 문화적 자본 개념이 주로 부모와 그 부모의 관계망이 갖고 있는 문화적 자원이 자식 세대로 전승되어 가는 과정에 주목하고 있다면, 그의 사회적 자본은 보다 포괄적인 사회관계 속에서 각 개인이 갖고 있는 연결망과 집단 소속이 개인 혹은 사회에게 주는 다양한 사회적 기회이자 자원이라는 점을 강조한다.김상준, 2004: 69

퍼트넘Putnam, 2000은 제도적이고 공동체적인 관점에서 사회적 자본에 대해 접근하고 있다. 그는 사회적 자본을 참여자들이 협력함으로써 그들이 공유한 목적을 보다 효과적으로 성취하도록 만드는 신뢰, 규범, 연결망과 같은 사회조직의 특성이라고 보았다. 퍼트넘은 사회적 자본을 개인들 간의 관계에만 국한하지 않고, 공적이고 정치적인 영역에서 작동하는 '시민의식'의 토대라고 본다. 따라서 사회적 자본은 사회성원이나 집단 간 '상호관계'의 '질'이나 혹은 '특성'과 깊은 관련이 있다. 구성원들의 질 높은 협력과 참여는 공동체 전체 이익을 위한 생산적 상호작용을 창출하고 경제적·사회적 역동성과 안정성을 높임으로써 사회적 통합에 기여하는 역할을 한다.이재열, 2006

퍼트넘은 미국의 50개 주states의 사회자본 수준을 횡단면적으로 측정하는 종합지수를 구성하여 사회자본의 효과를 살펴본 바 있다. 분석 결과, 지역사회의 교육과 아동복지, 안전 및 생산적인 거주 지역, 경제적 번영, 건강 및 행복, 민주주의 등 많은 영역들과 사회자본의 수준이 통계적으로 유의미한 상관관계가 있다는 점을 밝혀냈다. 예컨대, 사회적 자본이 높은 주는 그렇지 않은 주에 비해 학생들의 학업성취도가 높고 집단 간 포용성의 정도가 높기 때문에 건강이나 행복과 같이 전반적인 삶의 질을 향상시킨다는 점을 발견하였다. 이와 같이 사회적 자본은 교육 분야뿐만 아니라 정치, 경제 등 다양한 분야에 긍정적인 영향을 미치게 된다. 이러한 측면에서 사회적 자본은 지역사회의 공동체 구축을 위한 중요한 시사점을 제공해 주고 있다.

사회적 자본에 대한 이러한 정의들을 정리해 보면 사회적 자본이란 그 사회가 축적해 놓은 사람들 간의 관계망이나 신뢰에 관련된 것이며, 이러한 관계망과 신뢰의 축적은 그 사회 공공의 문제를 해결하거나 긍정적 가치를 창출해 내기 위한 소중한 자산으로 역할을 하는 사회적 특성이자 역량이다. 경제적·물질적 자산이 경제적 가치를 창출하는 밑거름이 되듯이, 사회적 관계망과 신뢰도 사회적 가치를 생산해 내는 중요한 자산이 되는 것이다.

나. 사회적 자본의 요소와 특징

이러한 사회적 자본을 구성하는 요소로 네트워크(관계망)의 깊이, 넓이, 그리고 지속가능성 등을 포함할 수 있다. 한 사회에 사회적 자본이 얼마나 축적되어 있는지를 판단하기 위해서는 사회 구성원들 연결망의 깊이, 넓이, 그리고 지속가능성을 측정하면 알 수 있다.

첫째, 한 공동체가 얼마나 깊은 관계망을 구축하고 있느냐라는 문제는 그 공동체 구성원들 간의 신뢰가 얼마나 두터우냐와 같은 의미이다. 사람들 간의 믿음이 강할수록 그 사회나 공동체가 발전할 수 있는 사회적 자본이 강해진다. 공동체 구성원들 간의 신뢰는 그 사회의 역사적·문화적·사회적 맥락과 관련되어 있다. 일반적으로 한 지역사회 구성원들 간 친분의 두터움은 '같은 공간에서 문화적·사회적 공감대를 얼마나 오랜 시간 동안 유지해 왔는가'로 결정된다. 지역사회 구성원들의 친분이나 상호 신뢰는 그 지역사회의 지역성을 바탕으로 생성·유지·발달되는 것이다. 구성원들이 지역사회를 위한 공동체 활동을 지속시켜 오면서 지역의 정체성이 확립되고, 이를 토대로 자연스럽게 구성원 간의 신뢰가 자리 잡게 된다.

둘째, 얼마나 넓은 관계망을 갖느냐는 그 공동체 내부 구성원들 간의 인간적 네트워크의 범위와 관련되어 있다. 주변 사람들을 많이 그리고 넓게 아는 것이 삶의 자산이 될 수 있다. 넓은 인간관계망을 구축하려면 상대방의 다름과 차이를 먼저 인정해야 한다. 문화적 수용성이 없다면 그 공동체는 폐쇄성을 띠게 되며 관계망의 폭도 그만큼 좁아질 수밖에 없다. 공동체 구성원들 간의 네트워크 넓이는 그 공동체의 범위와 소통의 단위를 결정하기 때문에 다른 집단과 공동체를 구분하는 경계가 될 수 있다. 따라서 서로 다름에 대한 유연성과 다양성을 어떻게 확보하느냐가 관계망의 넓이를 결정하는 관건이 될 것이다.

셋째, 공동체의 협력적·자발적·호혜적 관계망의 지속가능성은 그것의 깊이와 넓이와도 관련된 것이지만, 본질적으로 공동체에 새로움을 유지시켜 주는 생태적 측면과 깊은 관련을 가지고 있다. 자생적으로 공진화하는 생태적 공동체는 주위 환경이나 다른 공동체와 끊임없는 상호작용을 통해서 자기조직화의 역량을 만들어 나간다. 그렇지 않으면 그 공동체는 폐쇄적인 모습을 갖게 되어 결국 스스로 성장하고 진화하는 생태적 특성을 잃게 된다. 공동체 간의 경계가 분명하여 넘나들기가 어려울수록 상호작용은 제한적이고 창발적인 진화는 더딜 수밖에 없다. 따라서 공동체 구성원들의 시민의식을 고취하고 집단지성을 위한 학습이 지속되며 환경에 대한 개방성이 유지되었을 때 비로소 공동체의 지속가능성이 담보될 수 있다.

이러한 개념을 바탕으로 사회적 자본의 특징을 정리해 보면 다음과 같다.유석춘·장미혜·배영, 2007; 남궁근, 2007: Lin, 2000

첫째, 사회적 자본은 행위자들 사이의 관계 속에 존재하는 자본이다. 사회자본과 다른 유형의 자본을 구분하는 가장 근본적인 차이점은 두 사람 이상의 행위자가 맺고 있는 관계의 특성이라는 점이다. 둘째, 물적 자본의 소유로 인한 이익은 소유주에게만 돌아가지만 사회적 자본은 그 이익이 공동체 구성원에게 공유되는 특성이 있다. 셋째, 사회적 자본이 일단 획득되었다 하더라도 이것이 계속 유지되는 것이 아니기 때문에, 이를 유지하기 위해서 소유 주체는 지속적인 노력을 투입해야 한다. 특정 관계망에 소속되었다고 해서 그 집단의 구성원으로 누릴 수 있는 혜택이 저절로 얻어지는 것이 아니라 서로 간의 노력으로 유지될 수 있다. 넷째, 사회적 자본은 사용할수록 총량이 늘어나는 독특한 특성을 가진 자본이다.Putnam, 1993 사회적 자본의 거래는 경제적 거래처럼 동등한 가치를 지닌 등가물의 교환이나 소비가 아니다. 오히려 거래나 사용이 이루어질수록 더욱 축적되고 증가하는 포지티브-섬positive-sum 관계로 나타난다.

다. 마을교육 자본

마을교육공동체는 교육운동으로 시작했지만 그 귀결점은 교육과 지역의 상생을 도모하는 지역사회 운동이 될 것이다. 교육혁신을 넘어서 지역사회 교육적 역량을 강화하는 것이고 이를 위해서 지역에 내재해 있는 교육적 관계와 신뢰를 회복하기 위한 것이다. 이러한 관점에서 지역사회 교육을 위한 사회적 자본의 축적은 큰 의미를 갖는다. 사회적 자본을 구축하기 위해 사람들 간의 관계망을 개선하고 신뢰를 회복하기 위한 최근의 사회적 노력은 다분히 공동체적이고 생태적인 측면이 있으며, 이는 곧 마을교육공동체와의 공통점이기도 하다.

앞으로 지역사회 삶의 질적 수준을 가늠하는 기준 중의 하나로 지역의 교육 자본이라는 개념이 확대될 것이다. 이미 한국 사회에서 삶의 공간(거주지)을 결정하는 데 그 지역의 교육적 여건은 중요한 기준이 되었다. 아직까지 지역의 교육적 여건이 사교육의 집중도라든지 지역 고등학교의 대학 입학률 정도의 제한된 의미로 통용되는 현실이지만, 앞으로는 그 지역사회에 내재되어 있는 교육 자본이나 토대적 여건으로 아이들 키우기 좋은 교육적 환경이라는 개념이 강화될 것이다. 교육 자본이라는 토대는 지역마다 다르다. 예를 들어 지역사회가 전반적으로 가지고 있는 교육에 대한 신념이나 가치, 지방정부의 교육에 대한 관심과 지원 정도, 지역의 사회·문화·복지·교육 시설의 개방성, 학교에 대한 신뢰, 마을학교의 분포 등에서 지역적 편차가 발생할 수 있다. 그리고 이러한 편차는 그 지역의 삶의 질에 영향을 주게 된다.

마을교육 자본이란 이처럼 지역의 학교 안팎에서 이루어지는 교육에 대한 지역사회의 관심과 신뢰, 교육 주체들 간의 유기적 연대, 지역의 교육적 여건 및 인프라 구축 정도, 지역교육정책 및 제도 등으로 결정되는 지역의 교육력 혹은 토대적 교육 역량이라고 할 수 있다. 마을교육공동체는 본질적으로 마을에 내재된 교육 자본을 구축하기 위한 접근이며 이를 통해 궁극적으로 지역의 교육력을 증대시키는 목표를 지향한다.

지역교육력

마을교육공동체는 교육혁신과 발전을 위한 지역사회의 교육적 기능을 강화하는 동시에 지역사회의 현안 해결과 지속적인 발전을 위한 교육의 역할을 강화하는 선순환적 토대를 만드는 것이다. 이와 같이 지역사회를 하나의 학습생태계로 인식하는 관점에서 보자면 지역의 전반적인 교육력을 향상시키는 것은 매우 중요한 일이다. 아직 우리 사회에서는 지역의 교육력이라는 개념이 익숙하지는 않지만 일본은 이를 교육개혁의 다양한 영역에서 보편적으로 사용하고 있다.

지역의 교육력은 일본의 교육개혁을 위한 다양한 정책과 실천을 관통하는 하나의 중심적 관점으로서 일반적인 사회교육 혹은 평생교육의 차원에서뿐만 아니라 학교교육의 혁신을 추진하는 과정에서도 적극적으로 반영되고 있다. 지역의 교육력을 바탕으로 한 학교교육의 개혁이라는 측면과, 한편으로는 학교와 지역사회의 연대를 통한 지역의 교육력 향상이라는 측면이 교육개혁의 전반에 걸쳐 나타나고 있는 핵심적 가치이다. 지역의 교육력 향상을 위한 실천은 주민들의 자치적 역량 강화와도 밀접하게 관련되어 있다. 일본 전역에 퍼져 있는 커뮤니티 스쿨, 공민관, 교육 NPO, 그리고 지역학습론 등이 이러한 지역교육력 향상을 위한 주민자치적 기관들이다.

일본에서 지역의 교육력이란 개념은 학교-지역-가정의 역할을 제고하고 책임을 분담하기 위해 지역의 교육적 역량을 회복하고 학교교육, 지역교육, 가정교육의 연계를 확산해야 한다는 교육적 필요와 인식에 기초하고 있다. 이러한 관점에서 지역의 교육력은 '살아가는 힘(삶의 역량)'을 의미하며, 학생뿐만 아니라 지역 주민의 사회·직업(근로) 체험, 지역 환경활동, 지역사회 참여 활동 등의 교육적 기회를 지역사회가 제공한다는 측면으로 이해되고 있다. 지역에 살고 있는 아동의 인간 형성에 미치는 영향력이 곧 지역의 교육력이다.정영근, 2012 또한 지역이 그곳에 살고 있는 아동과 주민들의 인격이나 사회화를 형성하는 힘을 의미하기도 한다.

지역사회는 교육력을 위한 다양한 토대를 가지고 있다. 지역사회에 있는 산, 강, 논이나 밭과 같은 자연환경은 지역 아이들을 위한 놀이

터이자 배움터이며, 지역사회에 내재한 제도, 문화, 풍습 등은 지역 주민들의 사회화를 돕는 교육적 기재이다. 지역사회에 살고 있는 주민과 이웃들은 서로가 교사이자 관찰자로서 교육적 역할을 수행할 수 있다. 하지만 현대사회에서는 이러한 지역의 교육력이 점차 쇠퇴하고, 학교가 지역 아동의 교육을 전적으로 책임지는 공식적 기관으로 자리매김하는 현상이 지속적으로 강화되어 왔다. 학교를 중심으로 한 공교육의 강화는 아이들의 배움과 지역의 사회적, 문화적, 교육적 환경이 점차 분리되는 결과를 초래하였다.

이러한 현상에 대해 최근에 일본 주민 스스로 지역의 과제를 인식하고 그 해결책을 강구하고 더 나아가 지역의 가치를 창출해 내는 힘을 회복하고자 하는 움직임이 나타났고, 이것을 지역의 교육적 역량으로 승화시키고 있다.나가하타 미노루, 2015 이러한 관점에서 지역의 교육력이란 지역의 교육적 과제를 해결하기 위해 지역의 새로운 가치를 창출하고 구성원들의 성장과 발달을 실현시키는 힘과 작용을 의미한다고 볼 수 있다.

지역의 교육력을 향상시키기 위한 제도적 노력의 일환으로 2005년 일본 중앙교육심의회는 '가정·지역교육력 향상에 관한 특별위원회'를 설치하여 운영하고 있다.정영근, 2012 이 특별위원회에서 발간한 심의경과 보고서에는 지역교육력의 범위, 목적, 역할 등이 제시되어 있다. 먼저 지역교육력에서 지역의 범위는 주민들 간의 커뮤니케이션(소통)의 총체로서 초등학교 구區를 기준으로 하고 있음을 밝히고 있다. 자녀들을 같은 학교에 보내는 공간적인 범주에서 주민들 간의 긴밀한 소통이 이루어지기 때문에 학교구 정도를 지역적 혹은 마을의 범위로 상정하고 있는 것이다. 이러한 관점에서 보자면 일본 학교개혁의 일환인 커뮤니티 스쿨 정책과 지역의 교육력 향상은 사실 같은 공간적 범주와 실천적 궤적에서 작동하는 교육 실천이라고 볼 수 있다.

심의경과보고서에 나타난 지역교육력의 목적은 주민들 간의 다양한 교류 및 상호작용에 의한 '정서 및 인성'의 육성을 지향하고 있다는 점이다. 구성원들 간에 계층을 뛰어넘는 교류로 다양한 체험을 축적하고 이를 통해 지역 구성원들의 정서와 인성의 올바른 육성을 추구하고 있다. 이처럼 아동의 정서적 인성적 발달을 추구하는 바는 커뮤니티 스쿨의 목적과도 일치하는 부분이다. 한편으로는 지역의 교육력을 통해 학교교육의 정상화를 도모하고 있고, 또 한편으로는 지역사회와 연계를 바탕으로 한 학교혁신(커뮤니티 스쿨)을 통해 지역의 활성화를 도모하고 있는 것이다. 심의경과보고서는 지역교육력이 가지는 역할을 '풍부한 생활체험, 사회체험, 자연체험 등과 관련한 교육적 기회를 지역 아동과 주민에게 제공하는 것'으로 제시하고 있다. 구성원들 간의 상호작용을 통해 공동체적 관계를 형성하고, 지역사회의 규칙과 규범을 습득하고, 지역의 특수성과 가치를 창출하는 것이다. 주민들이 살아가는 힘을 키우는 것이 목적이고, 이를 위해 지역화된 교육 기회를 제공하는 것이 지역의 교육력의 역할인 것이다.

또한 이 보고서는 지역의 교육력 향상을 위해 필요한 세 가지 조건을 공동公同, 공생共生, 공육共育으로 제시하고 있다.

첫째는 지역 전체의 '아동 돌봄'에 대한 인식과 제도의 변화를 말하고 있다. 지역의 아동들을 돌보는 것과 양육 가정을 지원하는 것은 명백한 지역 공동의 책임이라는 점을 인식해야 된다는 것이다.

둘째는 지역의 현안을 해결하기 위해 지역 자체의 힘(역량)을 길러야 한다는 것이다. 이는 지역의 역량과 지역의 공생을 포함하는 조건이다. 다시 말해서 지역의 교육력은 지역 주민들이 지역적 과제를 해결하기 위한 문세해결 역량을 강화하는 것이며, 이를 통해서 결국 주민자치의 이념을 구체적으로 실현하는 공동체적 접근임을 명백히 제시하고 있다.

셋째는 가정과 지역의 효과적인 연계가 이루어져야 지역의 교육력이 증대된다는 것이다. 이는 공육共育에 관한 것으로 지역이 교육의 주체로 바로 서야 한다는 사회적 조건을 제시하고 있다. 이를 종합적으로 말하자면 지역의 교육력은 주민자치라는 지역적 토대를 통해 지역사회에서 이루어지는 공육과 공생을 도모하는 한편, 학교와 지역의 연대를 통해 지역의 주민자치적 역량을 키우는 선순환적 접근이라 할 수 있다.

지금까지 살펴본 바와 같이 일본의 커뮤니티 스쿨이 학교와 지역사회의 연계를 통해 아이들의 올바른 교육을 실천하고 있다는 점에서 한국의 마을교육공동체와 유사한 방향성을 가지고 있다. 그런데 이러한 교육정책이 비단 학교혁신에만 머무르는 것이 아니라 지역의 교육력을 강화하기 위한 노력을 함께 기울인다는 측면에서 우리의 마을교육공동체에 시사하는 바가 있다. 일본은 커뮤니티 스쿨 운영을 통해 학부모나 주민의 인식을 고취시키고 지역 환경을 개선하여 지역교육력을 향상시킨다는 분명한 목표를 제시하고 있다. 지역사회에 기반을 둔 교육공동체를 만드는 것이 궁극적으로, 학교를 위한 것이라는 공동체적 접근을 하고 있는 것이다.

한국의 마을교육공동체 실천도 이제는 그 대상을 지역의 청소년만으로 국한시키는 틀에서 벗어나야 한다. 더 이상 아이들만을 위한 교육 실천으로 마을교육공동체의 흐름을 지속시킬 수는 없다. 지역과 주민공동체의 생태적 건강함이 없이 아이들이 올바르게 성장하길 바라는 것은 모순이다. 모두가 함께하는 교육, 지역을 위한 교육, 공동체를 위한 교육을 통해서 아이들도 행복하고 건강하게 자랄 수 있다. 앞으로의 실천이 학교와 아이들에게만 집중하는 것이 아니라 지역의 역량을 강화하고 발전시키는 것으로 전환되어야 하고, 이를 위해서 지역공동체의 유기적 상생을 위한 명료한 비전과 목표가 수립되어야 한다.

일본이 커뮤니티 스쿨 정책을 통해 이루고자 하는 지역의 교육력은 지역의 대상화를 뛰어넘어 지역 주민의 주체화를 강화하는 것이다. 다시 말해서 지역 아이들의 교육을 위해 지역사회를 단순히 대상화·수단화시키는 측면이 아니라, 지역의 주민들도 교육적 소양을 배양하고 삶의 역량을 고취시키는 것이 엄연한 목표이다. 커뮤니티 스쿨에서 말하는 지역의 교육력이란 '지역과 학교가 함께'라는 쌍방향적 인식을 기반으로 한다.Shimokawa & Shizuya, 2014 한국의 마을교육공동체 실천도 이제는 '아이들의 배움을 위한 지역의 교육 자원화'라는 일방적 인식에서 벗어나 지역의 역량을 강화하여 그들을 교육의 주체이자 대등한 파트너로 자리매김하는 노력이 필요하다.

3. 교육 거버넌스:
일반자치, 교육자치, 주민자치의 협력

가. 생태적 교육 거버넌스

마을교육공동체를 구축하기 위해 지역의 다양한 교육 주체들이 참여하는 탈중심적 연대를 만드는 것은 기본적인 전제 조건이다. 이때 탈중심적 연대란 일반자치와 교육자치 그리고 교육 주민자치의 수평적이고 협력적인 관계 설정을 의미한다. 그리고 마을교육공동체를 위한 교육 거버넌스는 그동안 우리가 실천해 왔던 민·관·학의 협력적 참여를 통한 권한의 분배를 넘어서 교육에 대한 책임을 공유하는 것을 포함하는 민주적 실천을 의미한다.

'분권과 협치'라는 거버넌스의 기본적 원리는 마을교육공동체를 구축하고 운영하는 중요한 요소이자 원리가 된다. 지역화된 교육을 지향하고 지역의 민주적 시민을 키우기 위한 것이 마을교육공동체라면 그동안 중앙 집중적이었던 권한들이 이제는 지역과 시민 영역으로 분권화되어야 한다. 또한 마을교육공동체는 시민 참여와 협력을 위한 일종의 통로이자 발판이 되어야 한다. 국가든 지역사회든 지속가능한 성장을 위한 협력과 협치는 필수적인 요소이며, 시민의 참여와 협력 없는 협치는 공적 영역이 주도하는 구호에 불과한 것이다. 마을교육공동체는 협치를 위한 가장 낮은 단위의 실천적 토대로서 지역의 주민 참여를 실현시키고 민간 영역과 공적 영역을 묶어 주는 역할을 해야한다.

거버넌스의 개념

거버넌스governance는 통치government라고 표현되는 전통적 국가관 또는 정부 역할론에 대한 회의로부터 출발하였다.박우순, 2004 세계화, 정보화, 분권화의 추세에 따라 국가 중심의 일방적이고 권위적인 형태의 통치체제가 약화되었고, 통치의 대상이었던 시민사회나 기업 등 민간 부문과 지방정부의 성장이 두드러지면서 공공문제에 있어 국가 외에 다양한 행위 주체들의 책임과 참어를 요구하게 되었다. 이에 따라 국가 중심의 중앙집권적인 통치양식에서 벗어나 자율, 협치, 조정, 다원성을 중시하는 탈중심적이고 분권적인 형태로 전환되고 있다.최성욱, 2003 더 이상 정부는 행정 서비스의 독점적 공급자가 아니며, 다만 사회문제 해결의 촉매로서 다양한 사회 구성원들을 참여시키고 이들의 협력을 통해 사회문제 해결에 필요한 여건 조성의 역할을 요구받게 되었다.유홍림, 2009

거시적 관점에서 국가의 통치라는 개념이 거버넌스라는 새로운 패러다임으로 전환하게 된 배경은 다음과 같이 설명될 수 있다.Kennis & Schneider, 1991; Kooiman, 2002

첫째, 현대사회에서 국가와 사회의 경계는 모호해지고 있다. 공적 영역과 사적 영역의 역할이 서로 중첩되거나 또는 서로의 역할이 강화되면서 이들의 경계가 모호해지는 것이다.

둘째, 개방 체제로 인하여 정부 외부에 존재하는 다양한 행위자들이 정부 정책에 관여하고 있다. 권한과 전문성에서 민간 영역의 역량이 강화되면서 정책의 설계, 입안, 실행, 평가 등 모든 과정에서 시민사회의 참여는 확대될 수밖에 없는 상황이다.

셋째, 거버넌스가 다루어야 할 많은 사회적 쟁점들이 상호 의존적이고 복잡하게 연결되어 있다. 사회 영역의 구분이 모호해지면서 권한의 집중화가 어려워지고 영역 간의 협력이 강화되는 추세이다.

넷째, 정부는 주요한 사회 쟁점을 다루는 유일한 행위자가 아니라는 인식이 확산되었다. 첨예한 정보화가 이루어지면서 공적 영역의 정보 독점이 불가능한 사회가 되면서 다양한 행위자가 참여할 수 있는 시대적 여건이 조성되었다.

다섯째, 정부와 사회의 긴밀한 상호작용이 새롭게 부상하는 사회 쟁점들을 다루는 데 필요한 요소가 되었다. 다양한 사회 영역을 지배해 오던 '경쟁과 통제'의 원칙이 이제는 '공유와 공생'의 원칙으로 전환되면서 경쟁적 관계의 영역들이 점차 상호 의존적 협력 관계로 재설정되고 있다. 이러한 시대적 변화는 기존의 국가나 조직 운영의 방식에서 탈피하여 분권과 협치를 바탕으로 하는 거버넌스의 출현을 가져오게 하였다.

이처럼 분권과 협치에 입각한 거버넌스의 개념과 실천은 자연스럽게 지방자치나 주민자치의 성숙이라는 시대적인 흐름과 같이하게 된다. 조직 간 상호 의존성과 정부조직과 주민(시민사회) 간의 수평적 협력이 강조되고 있으며, 거버넌스 체제 속에서 각각의 행위 주체들은 독립적인 존재인 동시에 상호 의존적인 존재로 인식된다. 때문에 거버넌스란 기존의 공적 조직과 사적 조직의 경계가 무너지면서, 공공 부문과 민간 부문의 행위 주체들이 공공의 문제 해결을 목표로 협력적 네트워크의 구성을 통해 상호 의존적으로 영향을 주고받는 새로운 조정양식으로 이해된다.

다음의 표에서 로데스Rhodes, 2000가 정리했듯이 거버넌스에 관련한 핵심 용어를 정리해 보면 권한과 책임의 공유, 네트워크(연결망), 협력과 조정, 상호 의존과 교류, 개방과 참여 등을 제시할 수 있다. 이러한 용어들은 생태적 관점에서 마을교육공동체가 추구하는 핵심적인 개념과도 연결되는 것들이다. 마을교육공동체는 지역교육에 대한 공동의 책임과 권한을 지고, 신뢰를 바탕으로 한 네트워크를 구축하여, 구

[표 III-3] 거버넌스의 7가지 속성

속성	의미
좋은 거버넌스 (good governance)	효과적이고, 정직하고, 평등하고, 투명하고 책임감 있는 방법으로 정부의 권한을 사용함으로써 좋은 거버넌스를 지향해야 함
국제적 상호 의존 관계 (global governance)	큰 문제를 해결하기 위해 정부는 너무 작음. EU 등의 국제적 정책망을 통한 다양한 수준의 거버넌스를 지향
사회 사이버네틱스 (sociocybernetic)	정부는 공식적 권위에 의해 뒷받침되는 활동으로 중앙집권적인 사회문제 해결에 본질적인 한계를 지님. 정부의 역할은 다양한 정치적 상호작용을 가능하게 하는 것
신정치경제 (new political economy)	정치경제학적 입장에서 정치행위를 경제적인 측면에서 풀어 나가야 한다고 보고 독립적이고 자치적이며, 동시에 상호 의존성을 갖는 다양한 사회 구성원들 간의 조정을 중요시함
네트워크 (networks)	거버넌스 이론의 핵심으로 사회적 조정 양식으로서의 연결망을 중요시. 독점이 아닌 서로 간의 활동 교류를 통해 문제를 해결
기업 거버넌스 (corporate governance)	기업의 운영, 통제 방식을 정부에 도입하여 개방, 정보공개, 청렴성, 책임성을 강조
신공공관리 (new public management)	관료제 정부의 비효율성을 강조하며 시장원리를 도입하여 인센티브를 제공하고 성과 측정, 결과 중심의 관리를 중요시함

출처: Rhodes(2000)

성원들 간에 그리고 외부 환경과의 상호작용을 통해 지속가능한 성장을 도모하는 생태적 공동체이다. 이러한 마을교육공동체를 구축하고 운영하기 위해서는 생태적 교육 거버넌스의 개념과 원리가 접목되어야 한다.

생태적 교육 거버넌스

새로운 패러다임으로서의 거버넌스 개념은 교육을 위한 통치, 지배구조 형성, 의사결정 구조, 교육활동의 실천 등과 같은 영역으로 확장·적용될 수 있다. 교육 거버넌스는 "교육활동이 전개되는 다양한 장면에서 누가 어떤 수단과 방법을 동원하여 무슨 과정을 거쳐 교육(기관)을 통제하는지에 관한 의사결정을 내리고 정책을 개발하는 과정"으로 정의 내릴 수 있다.Cooper et al, 2004: 135-160 그리고 이러한 과정은 교육에 관여하는 중앙 및 지방정부, 단위학교 등 다양한 조직들 간의 관계 속에서 통치와 권력 작용의 형태로 이루어진다. 교육정책에 관한 의사결정뿐만 아니라 교육 프로그램 및 활동을 생산해 내는 과정, 교과과정 및 교육활동을 실천해 내는 과정, 이를 평가하는 과정 등 모든 교육적 장면에서 행위자 간의 협력적 관계와 참여를 바탕으로 교육 거버넌스가 실현될 수 있다.

교육 거버넌스는 기존의 폐쇄적인 관점의 교육행정구조 혹은 체제에 대한 논의를 정치적 그리고 행정적으로 확장시켰다는 측면에서 의의를 지닌다.안기성, 1997; 신현석, 2010a 특히 교육 문제의 논의구조를 교육 분야 이외의 영역으로 확산시키고, 교육 관련 행위 주체들의 요구와 주장에 대한 이해와 지평을 넓힌다는 장점을 지닌다.신현석, 2011 또한 교육 거버넌스는 다양한 참여자들 간의 관계망 속에서 통치와 권력 작용의 형태로 전개되기 때문에 지역사회의 교육적 자원을 활용하고 학생들의 배움을 지역 속으로 확장시키고자 하는 교육적 흐름을 견인할 수 있는 공동체적 리더십의 실현 방안이라고 볼 수 있다.서정화, 2007; 주삼환, 2007; 안기성, 1997 즉, 교육 거버넌스는 구성원들 간의 사회적 관계망 속에서 그들의 교육적 관심과 노력을 실현하기 위해 서로를 통제하고 협력하기 위한 자치적 체계로 이해될 수 있다.

교육의 지방자치화와 거버넌스 체제의 도입이라는 관점에서 보자면, 기존의 정부 주도나 교육청 주관의 정책적 혹은 정치적 접근은 이제 개선되어야 할 교육문화이다. 앞으로는 지역사회를 기반으로 하는 교육공동체 구축이라는 관점에서 지역의 모든 교육 주체들이 민주적 참여와 자생적 연대를 통해 학교공동체, 지역공동체, 교육자치 공동체를 이끌어 나가야 한다. 이를 위해 정부의 권위적·위계적 통제 체제를 극복하고, 행위 주체들이 권한과 책임을 공유함으로써 상호 조정과 협의를 기반으로 한 일반자치, 교육자치, 그리고 주민자치가 어우러질 수 있는 생태적 교육 거버넌스 체계가 확립되어야 한다. 마을교육공동체를 위한 생태적 교육 거버넌스는 지역 생태계를 기반으로 한 일반자치와 교육자치 그리고 교육 주민자치 간의 자생적 협력을 통한 지역교육 시너지(집단지성)를 창출하는 협치 구조와 과정을 의미한다.

마을교육공동체를 위한 생태적 교육 거버넌스 원리

지역성의 원리

거버넌스의 유형을 그 수준과 범위에 따라 다섯 가지로 구분할 수 있는데강창현, 2002, 세계화에 관련한 글로벌 거버넌스global governance, 인접 국가 간 지역공동체를 중심으로 하는 지역공동체regional governance, 개별 국가의 국정운영에 관련한 국가 거버넌스national governance, 국가 내 시민 참여와 지역 발전을 위한 로컬 거버넌스 local governance, 그리고 가상공간에서 형성되는 사이버 거버넌스cyber governance 등을 포함하고 있다. 이 중에서 마을교육공동체와 직접적으로 관련된 개념은 로컬 거버넌스라 할 것이다. 생태적 교육 거버넌스는 기존의 정부 주도나 교육관청 주관의 정책적 혹은 정치적 접근을 지양하고, 지역사회의 생태적 환경과 여건을 기반으로 한 교육 주체들의 참여와 연대를 구축해 나가는 것이다. 지역공동체의 교육적 요구와 현안 문제를 해결하기 위해 주민들의 참여적 의사결정 체계를 갖추고 이를 민주적으로 운영하는 지역화된 교육 거버넌스의 필요성이 점차 증가하고 있다.

상호 존중의 원리

협력적 거버넌스collaborative governance는 공적 기관과 민간의 상호 존중의 원리principles of reciprocity에 입각하기 때문에 서로 간의 의사소통과 파트너십을 중요시한다. 하지만 지금까지 거버넌스를 위한 시민 영역의 참여는 주체적이라기보다는 부수적이고 수단적이었다. 이는 시민들의 참여의식이 성숙하지 못한 이유도 있겠지만, 공적 기관이 시민 참여의 전문성을 불신하고 행정 편의에 의존하는 기존의 관행 탓도 있다. 민과 관이 만나고 일반자치와 교육자치가 만나고 행정과 실천이 만나는 과정에서 상호 존중을 바탕으로 한 파트너십과 공생적 관계는 생태적 교육 거버넌스의 중요한 조건이 된다. 마을교육공동체를 구축하고 이를 지원하기 위해서는 기존의 관료적 방식을 탈피하고 참여적 거버넌스 체제를 수용해야 하며, 정부중심성을 벗어나 사회중심성(혹은 탈중심성)으로 전환된 새로운 협력 모델이 만들어져야 한다.Kooiman, 2003 탈중심화된 공동체에서 다양한 역량을 지닌 행위자들이 주체적으로 참여하기 위해서는 상호 존중과 신뢰가 바탕이 되어야 한다.

자생성의 원리

의사결정에 참여한 행위자들은 스스로 결정할 수 있는 권한과 책임을 지기 때문에, 자발적으로 협동하고 조정하며 공통의 문제를 관리하는 자기조직적 역량을 가져야 한다. 이러한 생태적 교육 거버넌스에는 문제해결에 있어 권한과 권력이 집중된 중심 행위자가 존재하지 않는다. 그럼에도 다양한 행위자들이 상호 조정과 협의를 통해 전체 거버넌스는 어느 한 중심의 명령에 의해 움직이는 것처럼 정해진 목표를 향해서 질서 정연하게 규칙적으로 움직이는 생태적인 현상이 나타난다. 따라서 이러한 생태적 거버넌스를 통해서는 외부의 압력이나 통

제가 아니라 수평적이고 자발적인 조정 방식으로 문제를 해결해 나간
다.신현석, 2011; 성수자, 2011

마을교육공동체를 위한 민과 관의 협력적인 거버넌스 체계는 참여
주체들의 자생적 '협력' 수준에 따라 그 성숙의 수준을 구분할 수 있
다.정규호, 2002 마을교육공동체 초기 단계에는 재능기부와 같이 구성원
서로의 이해에 따라 지역의 교육 자원을 교환하는 수준에 머문다. 하
지만 이것이 조금 성숙되면 공통의 목표를 가지게 되고 자원을 공유
하는 단계로 발전한다. 학교와 지역이 교육적 자원을 공유하는 것이
다. 그다음 단계에는 권한과 권력을 공유하게 된다. 의사결정 과정에
주민이 참여하는 것이다. 그리고 마을교육공동체가 완연히 성숙하게
되면 권한과 권력뿐만 아니라 책임을 공유하는 단계로 옮겨 간다. 결
과의 책임도 공동체 구성원이 함께 지는 것이다. 이때 마을교육을 위
한 자원과 인프라 활용의 권한과 책임을 공유하는 과정에서 참여의
자발성과 자생성이 강화될수록 마을교육공동체의 지속가능성도 높아
지게 되는 것이다.

공진성(집단지성)의 원리

생태계의 건강함은 그 구성 요소 중 특정 개체의 성장과 발전에 기
인하는 것이 아니라, 다양한 개체군과 집단 전체의 공진성에 달려 있
다.홍길표·이립, 2016 공동체 안에서 서로의 능력을 상쇄하는 것이 아니
라, 보완하고 상생하여 집단지성의 시너지를 창출해 내야 한다. 교육
거버넌스는 민과 관이 만나고 일반자치와 교육자치가 만나서 지역교

육을 위한 유기적 네트워크를 형성해 나가는 것이다. 이때 이들의 연결과 협력의 결과는 산술적 총합이 아니라 집단으로 발휘되는 상승효과(시너지)여야 한다. 다시 말해서 교육청이 독립적으로 해결할 수 없는 현안을 지역의 시·군·구청과 함께해서 풀어 나가고, 이들이 할 수 없는 일을 주민자치와 함께 해결하는 집단지성의 협치가 되어야 하는 것이다.

나. 교육 거버넌스를 위한 주체별 역할

마을교육공동체를 위한 참여 주체는 교육청, 광역 및 기초자치단체, 지역사회, 그리고 학교 등을 포함할 수 있으며, 이들 간의 관계 설정이나 역할 및 책임의 분배는 중요하다. 먼저 교육청은 공적인 교육자치기관이자 교육 전문 기관으로서 해당 지역 마을교육공동체의 비전과 중장기 계획 수립, 마을교육 공모 사업 주관, 마을교육 프로그램 개발 및 평가와 환류 체계 구축 등을 포함한 지역의 교육적 활동을 지원하고 활성화시켜 주는 중추적인 역할을 담당해야 한다. 또한 지역교육 거버넌스 체제 운영을 위해서 지역교육협의회 구성 및 운영, 지원센터 운영 및 지원, 조례 및 제도 정비, 마을교육공동체 포럼 및 홍보 활동과 같은 행·재정적 지원을 시청과 함께 도모해야 한다.

일반자치 기관으로 지역자치단체의 주된 역할은 교육청과 함께 마을교육공동체 구축을 위한 행·재정적 지원과 교육 거버넌스 체제 운영에 기여하는 것이다. 지역사회의 교육적 환경을 개선하고 주민 교육 활동 역량을 강화하고 이를 활성화시키는 일은 교육청의 전문성보다는 지자체의 행정력으로 이끌어 가는 것이 효과적이다. 최근에는 지자체가 중심이 되어 마을교육의 일환으로 지역의 돌봄과 방과후활동을 학교에서 지역사회로 이전하는 사례가 늘고 있다. 지역에 있는 사회적 경제, 협동조합, 지역균형발전, 마을공동체 등과 같은 다양한 활동과 마을교육을 연계시키기 위해 지역의 교육 인프라를 발굴하고 이를 체계화해야 한다.

교육자치와 일반자치의 협력만으로는 마을교육공동체를 위한 생태적이고 협력적인 거버넌스를 완성할 수 없다. 주민들의 자발적·자생적 참여를 바탕으로 한 주민자치가 합류해야 비로소 지역사회를 기초로 한 교육공동체 거버넌스가 실천적으로 운영될 수 있다. 때문에 지역사회가 마을교육에 대한 올바른 인식을 공유하고 이를 실천하기 위한 참여와 협력을 활성화시켜야 한다. 이를 위해 지역의 물적·인적 자원 개발에 적극적으로 참여할 수 있는 발판으로 지역 주민들의 교육 네트워크를 형성해야 한다. 또한, 일반 주민자치 활동과 교육 주민자치 활동을 연계해 지역사회를 건강한 배움터로 조성하는 것 그리고 생태적 학습공동체를 구축하는 일이 궁극적으로 지역 주민의 삶을 향상시키는 것과 같은 활동임을 인식하고 이를 실천해야 한다.

마을교육공동체 구축을 위한 학교의 실천은 주로 교육과정과 관련이 되어야 한다. 사실 학교의 입장에서 보면 마을교육은 또 다른 업무이자 부수적 교육활동이기 때문에 교육과정을 연계시키는 것 외의 다른 영역은 부담이 될 수밖에 없다. 따라서 지역에 마을교육지원센터를 두고 프로그램 개발, 지역 자원 연계, 행정적 지원 등은 센터의 협력으로 학교의 부담을 덜어 주어야 한다. 마을교육을 위해서 학교는 정규 교육과정을 재구성하여 마을과 연계된 교육활동을 전개할 수 있다. 지역의 교육 인프라를 활용하고, 지역의 사회·문화·환경과 관련한 다양한 특징을 교육에 담을 수 있다. 그리고 학교에서의 배움을 지

[표 III-4] 교육 거버넌스를 위한 주체별 역할

사업기관	역할
교육청	•마을교육공동체 운영 총괄 및 중장기 계획 수립
	•마을교육공동체 운영을 위한 행·재정적 지원
	•마을교육공동체 평가 및 환류 체계 구축, 공모 사업 등 주관
	•마을교육 사업 및 프로그램 개발 및 지원
시·군·구청	•마을교육공동체 거버넌스 체제 구축 및 운영 •'지역교육협의회' 구성·운영 •'마을교육지원센터' 구성 및 운영 •마을교육공동체를 위한 조례 및 제도 정비 •마을교육공동체 워크숍 및 정책 포럼 등 공동 운영 •마을교육공동체 홍보 등
	•마을교육공동체 운영을 위한 행·재정적 지원
	•마을교육을 통한 돌봄 및 방과후활동 운영
	•마을교육공동체 및 학교 지원을 위한 사업 수요 조사 및 지원
	•지역교육 인프라 발굴 및 구축 등
지역사회	•지역의 물적·인적 자원 발굴 및 관리에 참여
	•일반 주민자치와 교육 주민자치의 연계
	•마을교육을 위한 지역사회 관계망(네트워크) 구축
	•지역 단위의 마을교육공동체 구성 및 마을교육생태계 조성 등
학교	•지역의 교육 자원과 연계된 교육과정 재구성 및 수업 개발
	•지역 특성화 교육 프로그램 운영
	•지역사회 배움터를 활용한 교육 운영
	•마을과 함께하는 학교교육과정 운영 등

역사회 삶의 현장에서 실천할 수 있는 기회를 확대하고 마을과 함께할 수 있는 교육활동을 운영해야 한다. [표 III-4]는 마을교육공동체를 위한 교육 거버넌스 주체들이 어떠한 역할을 해야 하는지 대략적인 과업을 제시하고 있다.

다. 교육 주민자치의 시대

일반 행정과 달리 교육행정은 그 특성상 다양성과 전문성을 필요로 하는 영역을 많이 가지고 있다. 이를 위해 때로는 주민의 요구와 필요를 민감하게 반영할 수 있도록 지역과 주민에 보다 밀착된 체제를 갖추어야 하며, 교육 전문가들에 의해 행정이 이루어질 수 있도록 자치적인 체제가 유지될 필요가 있다.

또한 교육은 국가적 권력통치의 대상이기 이전에 인간의 사고와 태도를 지배하는 시민적 의식을 고취시키고 인간의 기본권을 보장하기 위한 사회적 장치이기 때문에 정치적 협상이나 결단으로부터 비교적 자유로워야 한다. 이러한 이유로 교육은 정치적 중립성을 유지해야 한다. 교육의 자주성과 정치적 중립성을 보장하기 위해 많은 국가들은 다양한 형태의 교육자치를 실현하고 있으며, 이를 위한 지방교육 행정 체계를 갖추고 있다.주삼환 외, 2015

일반자치와 교육자치는 이러한 분리와 통합의 원리를 적절히 적용해 가면서 그 관계를 설정하고 있다. 그런데 이제는 이런 단체 간의 협치를 넘어서 주민들의 교육적 참여를 바탕으로 하는 교육 주민자치가 보다 적극적으로 결합되어야 한다. 민주주의의 완성은 지방자치로 가능하고, 지방자치의 실현은 주민자치로 이루어진다. 교육 거버넌스에서도 이와 같은 교육 주민자치를 통해 민주적인 합의와 실천이 이루어져야 한다.

일반적으로 주민자치는 지방자치의 범위 내에서 단체자치와 대응하는 개념으로 사용된다. 중앙정부로부터 일정 정도 독립된 지방행정단체(자치정부)를 통한 지방자치 실현에서 대의민주제도의 보완 또는 적극적인 시민성 회복 등을 위한 주민참여를 주민자치의 일환으로 이해할 수 있다.Lowndes & Sullivan, 2006 하지만 적극적인 주민참여만으로 주민자치의 개념을 설명하기에는 무리가 있다. 주민자치를 실천하기 위해서는 지역의 공동 문제를 인식하고 이를 해결하기 위해 공적 영역과의 협력을 도모하고 (혹은 공공정책에 적극적으로 개입하고) 자치적 연대의 지속성을 높이기 위한 체계적인 노력과 과정이 필요하기 때문이다.

[표 III-5] 단체자치와 주민자치의 비교

구분	단체자치	주민자치
자치 개념의 의미	법률적 의미의 자치 개념	정치적 의미의 자치 개념
자치권의 본직	국가로부터 위임 실정법상의 권리	천부적(天賦的) 인정 자연법상의 권리
기관 상호 관계	중앙정부와 지방자치단체의 관계	지방자치단체와 주민의 관계
소관 사무	고유 사무와 위임 사무	고유 사무
권한 부여 방식	포괄적 위임주의	개별적 지정주의
지방정부 형태	권력분립주의형(기관 대립형)	권력통합주의형(기관 단일형)
단체작 선임	중앙정부가 임명	주민이 선출

자료: 이종수(2009)

촛불과 빗자루

교육 주민자치가 이루어진다는 의미는 단순히 민관의 협력 체제를 만드는 것을 넘어서 공유된 권한과 책임을 함께 행사하는 실체적 거버넌스 체계를 구축한다는 것을 의미한다. 지역교육에 대한 의사결정뿐만 아니라 그 집행의 과정에서 권한의 분배가 자치를 위한 필수적 요소겠지만, 아울러 문제를 해결하기 위한 교육공동체의 책임이 간과되어서는 안 된다. 2016년 촛불혁명과 같이 한국 사회는 역동적 발전의 과정에서 시민의 힘으로 변화를 창출해 내는 새로운 민주주의를 경험하였다.

시대적 문제를 해결하기 위해 시민들은 촛불을 들고 그들의 요구와 역량을 발현시켰듯이, 마을교육공동체에서도 지역의 교육 현안을 개선하기 위해 그들의 요구와 역량을 적극적으로 보여 줘야 할 필요가 있다. 그와 함께 지역의 궂은일을 분담하기 위해 참여하고 협조하는 책임 있는 모습도 반드시 보여 줘야 한다. 이런 의미로 완주에 '고래'라는 청소년센터의 책임자는 이런 이야기를 했다.

> "마을교육공동체를 위해서는 촛불을 들고 우리의 요구를 관철시키기도 해야겠지만, 동네 청소를 위해 빗자루를 들고 솔선수범하는 책임감도 필요합니다."

지역 주민의 연대 그리고 민과 관의 협력이 형식적 행정을 넘어서 주민의 주체적 참여와 협력을 기반으로 하는 지역교육 거버넌스 체계를 만드는 것이 중요하다. 정규호[2002]는 민관의 협력 체제에서 거버넌스 체제로 이행되는 과정을 네 단계로 구분하고 있다. 첫째, 민과 관이 협력하는 초기적 단계에는 '자원 교환'을 위한 목적이 크게 작용한다. 서로의 이해를 관철시키고 필요한 부분을 취하기 위해서 협력의 모습을 보이는 것이다. 둘째는 '자원 공유'의 단계로서 민과 관이 공통의 목표를 가지게 된다. 이 공통의 목표를 달성하기 위해 자원을 가지고 있는 다양한 주체들이 참여하고 이들의 자원을 효율적으로 동원 혹은 활용하기 위한 협력이 이루어진다. 세 번째 단계는 '권력 공유'이다. 단순히 자원의 효율적 활용의 수준을 넘어서 정책의 과정에 권한

[표 III-6] 지속가능성을 위한 거버넌스 체제에서 합의 형성을 위한 제도화 과제

구분	민관협력 체제		→	거버넌스 체제
협력 수준	자원 교환 단계	자원 공유 단계	권력 공유 단계	책임성 공유 단계
협력 구조 특성	서로 상이한 목표를 달성하기 위해 한시적으로 협력	공통의 목표를 달성하기 위해 서로가 가진 자원 공유	다양한 이해관계의 균형 있는 대변을 위한 권력 공유	정책 목표의 공동 설정 및 공동 해결을 위한 책임성 공유
	정책 수단 구성 및 집행 단계에서의 사안별 협력	정책 집행 단계에서의 포괄적 협력	정책 형성 및 집행 단계에서의 포괄적 협력	정책 목표 설정 및 형성 단계에서의 포괄적 협력
	목표 달성에 필요한 자원을 소유한 소수 이해 당사자들의 제한적 참여	다양한 자원을 소유한 이해 당사자들의 참여	정책과 관련한 다양한 이해 당사자들의 직접 참여	사회적 공익에 대한 책임성을 가진 구성원들의 포괄적 참여
	주어진 목표의 계약적 생산 및 교환	공통 목표의 공동 생산을 위한 자원의 효율적 동원	의사결정 과정의 민주주의적 정당성과 공평한 분배	의사결정 내용의 질과 과정의 성찰성
문제해결능력	낮음 ←	지속가능성 문제의 해결능력	→	높음

자료: 정규호(2002: 55)

을 분배하여 참여자들의 주체적 참여를 도모하는 단계이다. 이를 통해 의사결정 과정에서 민주적 정당성을 확보할 수 있고 정책의 집행에 포괄적 협력을 도모할 수 있다. 마지막 단계는 '책임 공유'의 단계이다. 권한의 배분뿐만 아니라 지역사회 구성원들이 주체적 인식을 바탕으로 참여의 적극성과 문제해결의 완성도를 높이기 위한 책임의 공유가 필요하다. 이 단계를 통해 주민자치의 성숙과 시민의식의 고취를 도모할 수 있다.

마을교육공동체와 주민자치의 결합

마을교육공동체 구축과 실천의 과정에서 주민자치와 결합하는 사례들이 증가하고 있다. 그 경향과 사례는 크게 세 가지로 분류할 수 있다.홍지오·김용련, 2019 첫 번째는 작은 학교들의 통폐합 위기를 극복하기 위해 지역사회와 주민자치가 적극적으로 개입하면서 자연스럽게 마을교육공동체 구축으로 발전하는 사례이다. 주로 농촌과 같은 시골 지역의 작은 학교들이 직면하고 있는 통폐합 문제는 비단 학교만의 문제가 아니라 지역사회의 문제가 되고 있다. '학교가 없는 마을'은 마을의 미래도 없다는 절박한 인식하에 주민자치가 학교 살리기에 적극적으로 참여하고 있다. 예를 들어 조용환과 서근원[2004]의 연구에서 나오는 산들초등학교(가칭)는 지역사회 인구가 감소하면서 학교 재학생이 26명(2000년 기준)이 되었고, 교육부가 1982년부터 시행해 오고 있는 '영세 초등학교 통·폐합 운영 계획'에 따라, 2001년 폐교가 결정되었다. 이에 지역 주민들은 폐교를 막기 위해 '전입학추진위원회'를 결성하여 학생 수를 늘리기 위한 모집활동을 했고, 그 결과 2001년 3월까지 70여 명의 학생들이 전입학을 했다. 이 과정에서 학부모의 역할과 위상이 주목받았는데, 교사 초빙, 교육 프로그램 등 학교를 중심으로 다양한 부분에 적극적으로 참여를 했다.

또 다른 사례로 경기도 양평군에 위치한 세월초등학교(이하 세월초)가 있다. 세월초는 접근이 쉽지 않은 전형적인 농촌 학교이며, 때문에 학생들과 교사들이 선호하시 않는 곳이었다. 2007년 세월초는 100명 이하의 학교는 통폐합한다는 교육부의 원칙에 따라 폐교 위기에 처했으나, 학교를 살리기 위한 동문회, 교사, 주민들의 활동이 시작되었다. 이 과정에서 학교의 교육과정과 마을이 만나기 시작한 것이다. 학교는 주민들과 함께 '공동체 연극'을 준비하면서 학교와 마을의 연계에 대한 공감대를 형성했으며 마을 축제를 열기도 했다. 뿐만 아니라 '마을의 달인 만나기', '벽화 및 달시장', '마을 주민과 함께하는 학교 축제, 달님과 손뼉치기' 등을 통해 마을 교육과정과 마을이 만나는 기회의 폭이 넓어지게 되었다. 결과적으로 세월초 전교생은 104명(2015년 기준)이 되어 통폐합 위기를 넘겼으며, 학교교육과 주변 환경이 좋아 다른 지역에서 전입해 올 정도로 학교와 마을은 상생의 길을 보여 주고 있다.

이 두 학교 사례의 공통점은 먼저 주민과 학부모들의 적극적인 지원과 참여, 학교 교장 선생님과 교사들의 헌신이 있었다는 점이다. 또한 각 구성원들은 학교의 통폐합 위기를 극복하기 위해 마을 자원을 교육화시키고, 학교는 교육과정을 지역 자원과 연계하는 시도를 했다는 점이다. 학교의 위기를 극복하기 위해 학교와 지역사회 간 연결고리가 강화되었고, 그 결과 학교와 지역사회가 상생의 길을 찾을 수 있었다.

두 번째는 지역교육 환경 개선을 위한 주민자치의 등장이다. 경기도 양평군 서종면은 다른 농촌마을과 같이 젊은 세대의 유출로 마을에 생산가능인구가 줄어들고 있으며 고령화가 진행 중이다. 이 지역의 교육 문제는 자녀들이 진학할 수 있는 고등학교가 없다는 것이다. 따라서 많은 주민들이 자녀가 중학교를 졸업하면 고등학교 진학을 위해 다른 지역으로 이주를 하게 된다. 이러한 문제를 해결하기 위해 주민들은 2011년 9월 '고교설립추진준비위'를 만들어 공청회를 개최하였다. 2013년에는 〈서종고교설립추진백서〉를 발간하여 서종지역 현황, 지역 내 중등교육 현황 및 고등학교 진학 현황을 조사한 결과와 지역사회가 원하는 교육환경이나 학교 형태 및 교육 내용 등에 대한 연구 결과를 공유하였다. 이후 '서종면 교육포럼'으로 발전하여 지속적인 활동을 하고 있다. 이렇듯 서종면에서 나타난 주민자치는 농촌마을의 젊은 세대 유출을 막고 지역 발전을 위해 교육환경을 개선하고자 노력하였다. 나아가 고등학교 설립 추진뿐만 아니라, 마을에서 한 아이가 질 좋은 교육을 통해 행복한 삶을 영위할 수 있도록 다양한 활동을 실천하고 있다.

세 번째는 교육청과 지자체의 사업에서 나타나고 있는 주민자치의 등장이다. 전국적으로 진행되고 있는 혁신교육지구사업에서 주민자치의 모습을 살펴볼 수 있다. 혁신교육지구사업은 최초 '혁신학교 일반화'를 강하게 추진했으나 현재는 '마을교육공동체' 구축으로 그 방향성이 집중되고 있다.최창의 외, 2016 이 과정에서 교육청과 지자체 간 거버넌스, 더 나아가 지역 주민자치와의 협력을 도모하고 있다. 경기도 시흥시의 경우는 최근에 '마을교육 자치회'를 구성하여 지역사회가 주도하는 마을교육공동체 구축에 적극적으로 참여하고 있다. 이러한 주민자치의 협력은 공교육 혁신을 이루기 위해서는 학교뿐만 아니라 지역사회가 함께해야 한다는 점을 잘 보여주고 있다. 마을교육공동체 구축을 위해서 주민자치의 역할과 참여는 교육청과 지자체의 정책과 제도를 교육 실천의 장에서 실현시키는 중요한 요소이다. 이와 같이 엄연한 교육의 주체로 주민자치가 교육자치와 일반자치와 만나는 기회와 과정이 보다 활발하게 전개되어야 한다. 지역사회의 주민자치적 활동이 교육의 혁신과 마을교육공동체 구축에 중심적 역할을 하면서 자연스럽게 '교육 주민자치'라는 개념이 현실화될 수 있다.

교육 주민자치의 실체화

마을교육공동체를 위해 주민자치가 함께해야 한다고 했을 때 그 전제적 조건은 우선 주민자치를 실체화시키는 것이다. 주민자치는 기본적으로 지역공동체를 전제로 한다. 지역 주민들의 삶의 터전인 동네와 마을을 거점으로 주민들 간에 유지되는 사회적·심리적 유대가 주민자치의 시작점인 것이다.곽현근, 2015 지역을 거점으로 형성된 지역 사람들의 유대는 지역이 당면한 공동의 문제 상황이 전개되면서 비로소 특정한 행동과 참여로 이어진다. 이러한 문제해결을 위한 행동과 참여가

[표 III-7] 교육 주민자치 요소

구분	세부 요소
지역공동체적 참여	지역 현안에 대한 문제 인식을 공유하기 위해 구체적인 활동 주민공동체(네트워크/조직) 형성 문제해결을 위한 단체적 행동의 조직화
공적 영역과의 파트너십	민과 관이 어떠한 협력적 관계 형성 주민참여와 협력을 위한 공적 영역 노력과 제도 구비 공적 의사결정 과정에서의 실효적 주민참여 기회와 제도적 장치
주민 역량 강화(학습)	지역문제 해결을 위한 지식 및 정보 습득 주민 역량 강화를 위한 학습 기회 제공 집단지성의 발현

출처: 김용련(2016)에서 재구조화

때로는 공적 영역과의 협력이라는 보다 체계적이고 조직적인 형태를 갖추게 된다. 지역공동체 거버넌스community governance의 개념은 이처럼 여러 주체들이 민주적인 의사결정 과정을 통해 지역의 현안에 대응하는 일련의 체계가 갖추어지는 단계에서 적용될 수 있다. 주민자치의 실체화는 지역 주민들의 현안을 해결하기 위해 지역공동체 거버넌스 체계를 구축하고 이를 유지하기 위해 기울이는 집단적인 노력과 과정을 구체화하는 것이다. 이러한 구체화 과정은 '지역문제 해결을 위한 지역공동체적 참여', '문제해결을 위한 공적 영역과의 파트너십 구축', 그리고 '연대의 지속성을 높이기 위한 역량 강화(연대적 학습)' 단계로 구분할 수 있다.

첫째, 지역문제 해결을 위한 공동체적 참여는 지역의 구성원들이 당면한 과제 해결, 정부 정책에 항의 및 거부, 지역 서비스 생산, 혹은 상호 연대를 위해 자체적인 결사체를 구성해야 한다. 주민들의 모임, 연대, 네트워크, 조직 등이 활발할수록 지역의 현안을 해결하기 위한 단체적 행동과 참여가 보장될 수 있다. 공동체적 참여라는 것은 지역의 공동체성을 회복하거나 문제해결을 위해 지역 주민들이 사적 영역에서 주민공동체를 형성하는 과정이다. 이 과정에서 발생하는 주민자치적 실천은 지역 현안에 대한 인식을 공유하고, 지역 주민의 조직화가 활발해지고, 문제해결을 위한 단체적 행동 등이 구체적으로 나타난다. 하지만 이러한 주민자치적 활동이 사적인 영역에 머물게 되면 폐쇄적 네트워크에 의존하거나 파벌이 만들어지고 공동체 간 분열이 발생할 수 있으며 지역이기주의 등의 부작용에 노출될 수 있다.Somerville & Haines, 2006

둘째, 이러한 부작용을 극복하기 위해서는 사적 영역에서의 주민참여가 공적 영역과 적극적으로 결합되어 파트너십을 구축해야 한다. 주민자치를 위한 첫 단계가 참여이지만, 참여가 곧 주민자치는 아니다. 민간 차원의 참여를 넘어서 주민자치의 공적 영향력을 강화해야 한다. 앞서 언급했듯이 주민자치가 민주적 지방자치 실현의 본질임을 감안하면, 주민자치적 활동이 공적 영역, 즉 지자체나 교육청과 같은 단체자치와 적극적으로 협력해야 한다. 주민결사체나 공동체가 단순히 이해집단이나 압력집단으로서의 역할에 머무르는 것이 아니라, 협력적인 거버넌스 구축을 위한 핵심 주체로서 역할을 해야 한다. 협력적 거버넌스를 위해서는 기존의 정부와 거리를 두고 활동하는 시민 참여와는 다르게, 주민들이 정부의 핵심 기능에 직접 참여해야 한다.Somerville & Haines, 2008 이처럼 공적 영역과 파트너십을 구축하는 과정에서 나타나는 주민자치적 요소는 민과 관의 협력적 관계 형성, 공적 영역의 협조, 공적 의사결정에의 주민참여 등을 포함할 수 있다.

셋째, 주민자치적 실천이 지속가능하기 위해서는 현안에 대한 문제인식, 문제해결을 위한 참여, 공적 영역과의 파트너십 구축 등 모든 과정에서 끊임없는 학습과 역량 강화가 이루어져야 한다. 주민자치가 대의 민주주의 혹은 단체자치의 보완이라는 소극적 의미를 넘어서, 민주주의의 핵심 주체로서 지역공동체의 지속가능한 발전을 도모해야 한다는 측면에서 주민들의 역량 강화는 필수적인 요소이다. 이처럼 주민 역량 강화의 단계에서 나타나는 주민자치의 실천적 요소는 문제 인식 및 정보 공유, 문제해결을 위한 지식 및 정보 습득, 주민 대상 지속적인 학습 등이 있다.

교육 주민자치에 대한 성숙된 인식이나 체계적인 접근은 아직까지 찾아보기 쉽지 않다. 하지만 민주주의 실천을 지방자치에서 찾고 또 지방자치는 주민자치로 실현되어야 한다는 개념은 교육 거버넌스에서도 적용되어야 한다. 사실 교육 주민자치의 개념은 지역의 교육력과 결부되어 있는 것이다. 지역의 아동 돌봄, 학습 역량 강화, 가정·학교·지역의 연계 등에 대해 그 지역사회가 가지고 있는 역량은 그 지역사회의 자치적 역량과 다르지 않다. 지역의 교육적 현안을 올바로 인식하고 문제를 해결해 나가는 과정에서 지역 주민들의 교육적 의지와 역량을 결집시키고 공적 영역(관청)과의 협력을 유지해 나가는 참여적 행위가 협력적 거버넌스의 핵심적 요소이다.

IV.
마을교육공동체 구축을 위한 플랫폼

마을교육공동체의 의미(2장)와 원리(3장)를 통해 생태적 마을교육 공동체가 보여 주는 일반적인 특징과 공통점을 찾아볼 수 있지만, 지역에서 나타나는 그 실천의 모습은 모두 제각각이다. 최근 주목을 받고 있는 시흥시 장곡중학교에서 실천하고 있는 마을교육공동체는 의정부 몽실학교의 마을교육공동체와 서로 다른 특징이 있다. 서울시 노원구 공릉동에 있는 청소년문화정보센터의 실천과 화성시 동탄이음터의 활동은 서로 비슷한 듯하지만 그 실천의 방법과 과정은 다를 수밖에 없다. 온 마을이 생태적 학습공동체가 되어 지역을 통해, 지역에 관해, 그리고 지역을 위해 아이들을 성장시킨다는 대의와 가치는 비슷할 수 있지만 그 대의와 가치에 어떻게 도달할지는 지역의 여건과 주민들의 생각에 따라 다르게 나타난다. 스스로 유지되고 성장하는 생태적 마을교육공동체를 만들기 위해서는 구성원들 간의 다름과 차이를 이어 주고, 참여를 확대시키고, 상호작용과 시너지가 발생할 수 있도록 일종의 '마을교육 플랫폼'을 만들어야 한다.

디지털 경제나 공유경제에서 부각되고 있는 플랫폼이라는 개념은 마을교육공동체 구축을 위한 지역의 교육적 기반이나 인프라로 해석될 수 있다. 클라우스 슈밥2016은 그의 저서 『제4차 산업혁명』에서 미디어 전략가인 톰 굿윈Tom Goodwin의 기고문 중 일부를 아래와 같이 소개하고 있다.

> 세계에서 가장 큰 택시 기업인 우버는 소유하고 있는 자동차가 없고, 세계에서 가장 많이 활용되고 있는 미디어인 페이스북Facebook은 콘텐츠를 생산하지 않는다. 세계에서 가장 가치 있는 소매업체인 알리바바는 물품 목록이 없으며, 세계에서 가장 큰 숙박 제공 업체인 에어비엔비는 소유한 부동산이 없다.

이들이 공통적으로 가지고 있는 것은 디지털 플랫폼이다. 가상공간의 플랫폼에서 재화·서비스가 모이고, 정보의 생산자와 소비자가 교류하고, 그들의 요구와 문제를 해결한다. 디지털 정보화 시대에 기초 자산의 보유보다 더욱 중요한 것은 플랫폼을 구축하는 것이다. 공유경제에서도 참여자 상호 간의 가치를 공유하고 교환하는 마당이 필요한데 이것이 곧 플랫폼이다.홍길표·이립, 2016

마을교육공동체 플랫폼은 지역 주민들의 참여 마당이며, 정보와 문화를 교류하는 장터이자, 교육 주체들을 엮어 주는 온·오프라인상의 연결 고리이다. 마치 기차역이라는 플랫폼이 어디론가 향하는 사람들이 모이고 이들을 위한 다양한 서비스와 편의를 제공하여 안전하고 편리한 여행을 돕듯이, 공동체 플랫폼도 여러 구성원들의 참여와 소통, 나눔과 거래, 개발과 공유, 지원과 협력을 도모하는 지역교육 환경이자 인프라가 되어야 한다. 이 책에서는 마을교육공동체 구축 및 운영을 위한 학교 밖 교육 플랫폼으로서 참여와 공유 플랫폼 그리고 마을교육 지원 플랫폼으로서 중간지원조직을 소개하고, 이어서 마을교육공동체 활성화를 위한 제도적·법률적 정비 방안을 제안하고자 한다.

1. 참여와 공유 플랫폼: 마을교육 네트워크

마을교육 플랫폼은 지역사회를 기반으로 하는 교육공동체를 구현하기 위한 가상의 혹은 현실의 생태적 장場 혹은 발판이라고 할 수 있다.전대욱·최인수, 2014 이러한 플랫폼 위에서 참여자들은 서로 연결되고 상호작용을 하며, 모두를 위한 공동체적 기회와 가치를 창출할 수 있다. 지역사회 교육에 대한 선의(베풂)를 가진 인적·물적 자원을 지역의 교육적 요구(필요)와 만나게 해 주고, 새로운 가치와 혜택을 생산해 낼 수 있는 체계적인 기회를 제공하며, 지속가능한 연대를 도모하는 생태적 공간이자 기회가 필요하다.

가. 주민참여 플랫폼

1) 개념

그동안의 마을교육공동체 실천들을 통해 알 수 있듯이 지역사회에서 각자의 교육적 관심과 열정을 바탕으로 그들의 재능을 나누고 교육적 기여를 제공하고자 하는 많은 시민들이 있다. 이들이 그러한 의지를 행동으로 옮기고자 할 때 종종 마주치는 장벽이 있는데, 예를 들자면 교육적 기여를 하고 싶은데 어떻게 준비하고 누구에게 해야 하는지, 같은 생각을 가지고 있는 사람들과 어떻게 연결될 수 있는지, 학교나 마을배움터에는 어떻게 연락을 해야 하는지 등에 대한 방법과 수단이 막막하다는 현실과 마주하게 된다. 이렇게 지역 주민들이 경험하는 장벽도 있지만, 학교도 마찬가지로 아이들을 지역사회로 데리고 나와 마을과 어떻게 만나게 할 수 있는지 구체적인 방법과 대상을 찾기가 어려운 것도 사실이다. 따라서 지역사회, 학교, 아이들의 교육적 요구가 발생했을 때 이를 실현시킬 수 있는 사회적인 장치가 필요하다.

교육공동체를 위한 주민참여 플랫폼은 지역의 주민, 학교, 학생들이 학교 안과 밖에서 실천하는 교육적 활동을 위한 서로 간의 연대와 협력, 지속적인 학습의 기회를 제공하는 일종의 사회적 발판이라고 할 수 있다. 이러한 플랫폼을 통해서 지역의 주민들과 기관들은 하나의 네트워크 안에서 서로 소통하고 교류하고 상생할 수 있는 기회를 갖게 된다. 주민참여 플랫폼은 어떠한 센터나 회관과 같이 현실의 공간일 수도 있고, 인터넷상의 가상적 공간에서 이루어지는 소통의 장일 수도 있다. 지역의 교육 주체들이 자발성을 가지고 학습과 실천을 위해 서로 연대하고 참여할 수 있는 생태적 환경이 구축되어 있다면 그것은 마을교육공동체를 위한 하나의 참여 플랫폼이다.

이러한 참여 플랫폼은 크게 두 가지 방향에서 접근할 수 있다. 하나는 주민참여를 위한 플랫폼이다. 지역의 주민들이 궁극적으로 지역 아이들을 위한 교사, 보호자, 관찰자, 조력자가 되기 위해서는 그들 스스로 교육적 소양을 갖춘 교육자가 되어야 한다. 각자가 가지고 있는 재능을 개발하고, 이러한 재능이 서로 연결되어 긍정적인 시너지가 만들어지는 집단지성으로 확장되고, 이러한 집단지성이 그들과 지역 아이들의 지속적인 성장을 위해서 투입되는 생태적인 선순환 구조를 만드는 것이다.

그리고 또 하나의 접근은 지역 청소년 참여를 위한 플랫폼이다. 지역의 아이들이 지역사회 공동체 교육에 참여할 수 있는 방법은 일단 학교교육과정을 통해 가능할 것이다. 이때 중요한 것은 교사나 학교가 지역사회의 교육적 자원에 대한 정보를 가지고 있어야 하고 이러한 자원과 연결될 수 있는 구조가 마련되어야 한다. 또한 지역의 청소년들은 학교 정규 교육과정과 상관없이 그들 스스로 지역사회에서 배움을 실천할 수 있다. 따라서 청소년들의 이러한 교육적 요구에 부합하는 지역사회의 교육적 자원과 기회들이 체계적으로 준비되어야 한다.

```
┌─────────────────────────────────────────┐
│       시민 참여 (마을을 통한 교육) 플랫폼        │
│                    +                      │
│   청소년 참여 (마을에 관한, 마을을 위한 교육) 플랫폼   │
└─────────────────────────────────────────┘
```

2) 구축 및 운영 방안

어느 지역사회나 교육이 필요한 교육적 요구를 가지고 있는 주민, 자신의 전문성을 토대로 교육적 기여를 하고자 하는 주민, 지역교육 전문가들로부터 교육 기회를 얻고자 하는 지역 학교나 청소년 등이 서로 네트워킹하고 서로의 요구를 충족시킬 수 있는 하나의 플랫폼이 필요하다. 예를 들면 시민들이 주체적으로 운영하는 시민대학을 만들고, 이곳을 통해 교육받은 지역의 주민들이 그들의 전문성을 지역 청소년에게 전달하는 선순환적 교육 행위, 이러한 과정에 마을교육의 질을 제고하기 위한 평가적 체계가 마련되어야 한다. 이를 위해 지역 주민들의 교육적 참여와 요구가 교류할 수 있는 온·오프라인상의 플랫폼이 필요하다.

```
┌─────────────────────────────────────────┐
│          집단지성을 위한 주민학습 체제            │
│                    ↓                      │
│       마을교육을 이어 주는 네트워킹과 선순환 체제      │
│                    ↓                      │
│          학생 참여와 마을교육 연결 체제            │
│                    ↓                      │
│       마을교육 개선을 위한 환류(피드백) 체제         │
└─────────────────────────────────────────┘
```

집단지성 창출을 위한 주민학습 체제 구축

지역의 교육력은 주민들의 지식 창출과 공유를 통해 집단지성을 확보함으로써 향상시킬 수 있다. 마을교육공동체는 비단 지역의 아이들만을 위한 것이 아니라 지역사회의 모든 구성원들의 성숙과 삶의 질을 향상시키는 것이다. 이를 위해 시민이 주도하는 다양한 교육활동의 기회가 마련되어야 한다. 이미 지역사회에는 주민들이 모여서 진행하는 시민대학, 주민교양 강좌, 학습모임 등 다양한 교육적 활동들이 있을 것이다. 이러한 모임과 활동을 서로 연결시켜 주는 온·오프라인상의 공간과 프로그램이 필요하다. 개별적 학습이 아니라 지역의 집단학습이 이루어질 때 더 큰 효과를 나타내는 집단지성이 될 수 있다. 주민들의 요구가 반영된 자생적인 주민교육은 그 내용과 영역에서 단순한 교양 수준이 아니라 전문성을 심화시키는 동력이 있다. 마을교육공동체 플랫폼은 지역 주민들에게 학습의 기회를 제공하고 이들의 학습 결과를 연결시켜 지역의 교육력으로 승화시키기 위한 유무형의 공간이자 기회이다.

마을교육 네트워킹과 선순환 체제 구축

지역 주민들의 집단지성이 지역의 교육적 필요에 부응하거나 지역 청소년들의 발달에 기여하는 선순환적 구조가 만들어져야 한다. 예컨대, 시민대학에서 학습을 하여 특정 영역의 전문성을 갖추었다면 이들은 지역의 교육 자원이 될 수 있다. 하지만 이러한 교육 자원이 곧바로 청소년 교육에 투입될 수 있는 교육 프로그램은 아니다. 지식이나 경험의 전문성과 함께 교육의 전문성도 필요하기 때문이다. 이를 위한 교수 역량이나 학생 지도에 대한 기본적인 지식을 쌓을 수 있도록 연수 기회를 제공해야 한다. 참여 플랫폼에는 지역의 인적 자원들이 어떠한 과정을 통해 교육적 역량을 강화해야 하는지에 대한 체계적인 방향과 지원이 제공되어야 한다.

또한 참여 플랫폼을 통해 마을교육을 위한 개인, 단체, 조직 등이 서로 네트워킹되어야 한다. 최근에는 학부모와 주민들이 교육협동조합이나 비영리단체NPO 혹은 교육 시민단체를 조직하여 활동하는 사례가 늘고 있다. 이러한 지역 단체들을 발굴하고 초기적 지원(인큐베이팅) 서비스를 제공하는 체제가 구축되어야 한다. 이들의 전문성을 마을교육을 위한 참여와 기여로 연결시키는 체제가 구축되었을 때 지역의 교육력이 강화되는 것이다. 그러한 체제 속에서 지역교육 전문가들이 서로 네트워킹하고 그들만의 작은 공동체를 구축하여 자기조직화할 수 있는 기회와 여건이 조성되어야 한다.

학생 참여와 마을교육 연결 체제

지역 주민들의 교육적 참여를 체계화시키고 이를 지원하기 위한 플랫폼에는 학교 안팎에서 이루어지는 지역 청소년들의 활동을 장려하고 공유하며 또 이들의 활동과 주민의 참여를 연결시키는 공간과 기회가 주어져야 한다. 학생들의 배움과 지역 주민들의 참여를 연결시키기 위해서는 마을교육에 대한 수요와 공급을 연결해 주는 통로가 있어야 한다. 지역사회의 집단지성과 학생들의 참여적 활동이 서로 네트워킹될 수 있는 하나의 장이 필요하다. 이러한 네트워크 안에서 경험과 실천 위주의 청소년 프로젝트 활동이 이루어지고, 청소년들이 스스로 기획하고 추진하는 동아리 활동이 활성화될 수 있다. 아이들에게 우리가 살고 있는 지역을 알리고, 우리의 삶의 문제를 해결해 나가는 민주시민으로의 성장을 위해 지역의 성인과 청소년이 함께 호흡할 수 있는 공간과 기회가 제공되어야 한다.

마을교육 개선을 위한 환류(피드백) 체제 구축

주민이 주도하는 마을교육이 그 지속가능성을 담보하고 교육 실천의 질을 제고하기 위해서는 교육활동이 제대로 운영되고 있는지를 점검할 수 있는 점검체계가 필요하다. 특히 마을교육을 위한 실천에서 학생들의 배움에 부합하는 교육활동이 전개되고 있는지에 대한 모니터링 체제를 구축하는 것은 중요한 일이다. 하지만 그동안 경험해 왔던 평가 방법은 수직적이고 일방적이었기 때문에 피평가자들을 타성화, 획일화시키는 부작용이 있었다. 이를 극복하려면 현장에 밀착된 평가 준거와 방식으로, 교육활동 주체들의 주도하에 이루어져야 하며, 그 결과는 행정 편의가 아니라 프로그램 개선을 위해 활용되어야 한다.

한편, 양질의 교육 자원이 지역의 아이들과 만날 수 있도록 요건을 갖춘 개인과 단체에게 마을교육 자격을 부여하는 일종의 인증체계가 필요하다. 특히 이러한 인증체계는 학교가 마을 인적 자원의 전문성을 적극적으로 활용하기 위해서도 필요하다. 즉, 지역의 인적 자원이 학생들과 만날 수 있을 정도의 자격과 요건을 갖추었는지를 평정할 수 있는 기준을 마련하고 그 기준에 부합하는 마을교육 기관과 인력 풀 pool을 구축해야 한다. 예를 들어 관련 교육 분야에서의 현장 경험, 시민대학과 같은 교육 기관에서의 교육 경험, 사회봉사 및 직업 활동 경험 혹은 교육연수 경험 등이 요건과 자격을 위한 기준이 될 수 있다. 이처럼 요건 및 자격을 구비한 경우 지자체나 교육청이 마을교육 기관임을 인정하는 절차를 제공하고, 인증을 받은 기관이나 단체는 전문성을 가지고 마을교육에 참여할 수 있게 된다.

나. 문화 공유 플랫폼

1) 개념

하나의 지역사회가 생태적인 교육공동체가 되기 위해서는 그 지역의 문화적·사회적 토대가 바탕이 되어야 한다. 주민들 간의 연대적 문화, 공유된 가치, 상생을 위한 실천 등 공동체적 요소가 전제되어야 지역사회 교육을 위한 공동체적 접근이 가능하다. 혁신교육지구사업을 통한 제도적인 접근들이 여러 지역과 마을의 교육공동체 구축에 기여한 바가 크지만, 궁극적으로 지역사회를 기반으로 하는 교육공동체의 완성은 밑에서부터 시작되는 자발적 참여와 자생적 운영을 통해 이루어질 수 있다. 때문에 교육공동체 구축을 위한 제도적 접근과 함께 문화적인 접근이 이루어질 수 있는 지역적 토대를 구축하는 것은 가장 본질적인 요소라고 할 수 있다. 그동안 여러 지역사회나 학교에서 보여 주었던 교육공동체 실천에서 확인할 수 있듯이 그들의 노력과 경험이 확산되지 못하고 '그들만의 리그'라는 폐쇄성을 극복하지 못했던 이유도 이러한 문화적 방식의 공유와 확산의 장치를 마련하지 못했던 점에 기인한다.

문화 공유 플랫폼은 소통과 공감을 위한 교류의 장이어야 한다. 주민들이 서로 소통할 수 있고 그들의 실천과 경험 그리고 이를 통해 축적한 정보와 지식들이 서로 공유될 수 있도록 지역사회의 안과 밖을 향한 사회 문화적인 장치를 고안해야 한다. 마을교육공동체를 위한 지역사회의 문화·공유 플랫폼이란 지역의 교육 주체들이 그들의 교육적 믿음·철학·신념·가치 등을 공유하고, 다양한 목소리를 청취하고, 각자의 경험과 지식을 나눌 수 있는 공간이다. 공동체적 실천은 구성원 간 공유된 의식과 가치를 통해 이루어질 수 있다. 주민들 간에 서로의 의견과 생각을 나누고 서로의 다름과 다양성을 존중하기 위한 소통이 이루어져야 한다. 이러한 소통을 통해 서로의 차이를 극복하고 공동체 안에서 더불어 살아가는 민주적 시민의식이 지역사회에 뿌리내릴 수 있도록 공간과 기회를 제공해야 한다.

또한 구성원 각자의 교육적 경험과 지식을 공유하기 위한 개방형 플랫폼이 되어야 한다. 지역사회 어느 집단, 학교, 마을에서 이루어진 교육적 실천들은 공동체 구성원뿐만 아니라 외부 환경과 함께 공유되어야 한다. 성공적인 사례를 공유하기 위해 상호작용하는 것은 그 자체가 학습이며, 학습생태계의 자생성을 갖추기 위한 필수적인 요소이기도 하다. 플랫폼에 참여한 사람들은 소통과 공감 그리고 연대와 공유를 통해 상생을 도모하는 생태적 상호작용을 하게 되고, 이곳에서 공유된 가치와 지식들이 단순히 그 지역사회에만 국한되는 것이 아니라 다른 공동체로 확산되는 기회를 가지게 된다.

2) 구축 및 운영 방안

마을교육공동체 현장을 방문하면 항상 그런 프로그램이 있는지 몰랐다 혹은 나와 같은 생각을 하는 사람들이 이렇게 많은지 미처 알지 못했다는 이야기를 종종 듣는다. 마을교육에 대한 정보가 공유되지 않고 있다는 것이다. 이러한 이유로 마을교육 프로그램, 지역 활동가, 행정적 지원, 문화 이벤트 등과 관련한 정보를 공유할 수 있는 온라인 커뮤니티 설치를 요구하는 지역의 갈증을 종종 확인하게 된다. 시민의 소리를 듣고 소통과 공감이 이루어지는 개방적인 참여 공간을 통해 지역의 집단지성이 증폭될 수 있는 기회를 만들어야 한다. 아래 그림에서 볼 수 있는 문화 공유 플랫폼은 주민들의 소리를 증폭시키고 이를 선명하게 듣기 위한 마을교육 스피커인 것이다. 소리SORI, Space for Open and Rounded Ideas 플랫폼은 지역의 학생, 교사들이 주도적으로 참여하고 지역 전문가나 시민들이 협력하여 지식과 정보를 '개방Open'하고 '통합적인 생각Rounded idea'을 촉진시키는 마을교육의 발판이다.

'소리 플랫폼'은 예를 들어 오프라인상에서 이루어지는 강연이나 모둠 활동이 실현되는 물리적 공간, 마을교육의 과정과 결과가 공유되는 온라인 커뮤니티 등으로 구성될 수 있다.

[그림 Ⅳ-1] 소리 플랫폼 개념도

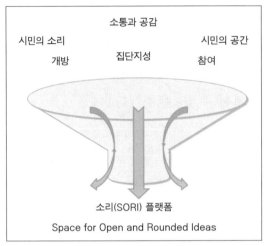

자료: 김용련(2015b)

〈소리 플랫폼〉

- 공간(Space): 마을교육이 이루어지는 과정과 결과가 공유되고 지역의 소통을 통해 집단지성이 발현되는 유무형의 공간
- 개방(Open): 학교, 지역사회, 청소년, 주민, 외부인 등 모두가 참여할 수 있고 다양한 의견을 공유할 수 있는 열린 기회
- 통합(Rounded): 마을교육의 과정과 결과를 공유하고 지속가능한 개선과 발전을 위하여 다양한 의견이 교류되고 통합되는 과정
- 제안(Ideas): 마을과 관련하여 소개할 만한 정보(Information)나 지역 발전에 도움이 될 만한 생각(Idea), 그리고 마을 혁신(Innovation)을 위한 창발

오프라인 마을 배움터

지역사회에서 혹은 다양한 오프라인상에서 이루어지는 지역교육활동과 강연 혹은 청소년 배움활동이 이루어지고 소통되는 물리적인 공간을 활성화시켜야 한다. 이러한 배움의 공간은 지역의 청소년들은 물

론이고 지역 주민들이 서로 상호작용하고 문화적 교류가 이루어질 수 있도록 열려 있어야 한다. 마을교육지원센터나 공공기관 혹은 지역의 문화·복지 시설을 지역 주민 교류의 장으로 혹은 마을 배움터로 활용할 수 있다. 이러한 곳에서 지역 주민, 학생, 전문가들의 활동과 경험이 실천되고 공유될 수 있어야 한다.

온라인 커뮤니티

지역사회에서 이루어진 마을교육 활동의 과정과 결과물은 온라인 (가상) 커뮤니티를 통해 더욱 멀리 확산될 수 있다. 마을교육에 관련한 지식, 정보, 실패와 성공의 경험, 새로운 제안, 그리고 지역적 자원 등이 공유될 수 있는 온라인 허브가 있다면 이곳에서 소통과 상호 보완이 이루어지고, 마을교육이 재생산된다. 이러한 소통은 누군가의 실수를 줄일 수 있고 학습의 과정을 통해 궁극적으로 지역의 집단지성화가 이루어지게 된다.

2. 마을교육 지원 플랫폼: 중간지원조직 설치 및 운영

마을교육공동체를 위한 지역교육 거버넌스 플랫폼을 구축하기 위해서는 교육청, 학교, 지자체, 지역사회 등 다양한 참여 주체가 협력할 수 있는 의사결정기구와 실행조직으로서 중간지원조직을 설치하는 것이 필요하다. 혁신교육지구사업이나 마을교육공동체를 지원하고 있는 여러 지역에서 이미 의사결정기구로서의 마을교육협의체와 지원 및 실천을 위한 마을교육지원센터를 운영하고 있는 사례들이 많아지고 있다. 앞서 참여·공유 플랫폼이 마을교육을 활성화시키기 위한 지역의 교육적 장치라면, 다른 한편으로는 마을교육 활동과 프로그램을 기획·지원·운영하기 위한 협력적인 거버넌스 플랫폼이 필요하다.

가. 지역교육협의회

마을이나 동네에서 필요한 교육활동이나 프로그램은 마을 단위에서 기획되고 개발되어야 한다. 이러한 과정을 원활하게 하고 필요한 의사결정을 하기 위해서는 교육청·학교·지자체·시민단체·학부모 등 지역사회 다양한 교육 주체들이 민주적으로 참여하는 의사결정기구가 마련되어야 한다. 지역교육협의회가 주관하는 심의 및 의사결정 대상은 그 지역이 추구하는 마을교육공동체의 비전과 방향, 행·재정적 지원 방안, 마을교육 활성화 및 지속가능성 방안, 학교와 지역의 연계 방안 등과 같이 마을교육의 방향성과 정책에 대한 사안을 포함한다.

기존의 혁신교육협의회나 마을교육협의회 운영 사례를 보면 이들의 논의와 활동이 점차 진화하고 있음을 발견하게 된다. 초기 단계에서 마을교육협의회는 마을교육공동체를 구축하고 확산하는 데 그 목적을 두고 운영되는 경우가 대부분이다. 이를 위해 각 참여 주체들의 네트워크와 협력의 기반을 다지고, 사업 초기의 발전 방향과 방안을 제안하는 역할을 수행하게 된다. 또한 관련 사업을 유지하기 위한 재원과 행정적 지원을 체계화하는 데 중점을 둔다. 이러한 초기적 과정을 거쳐서 궁극적으로 마을교육협의회는 지역사회 교육공동체의 지속가능성을 확보하고 지역의 교육력과 거버넌스 체제 향상을 목적으로 활동하게 된다. 이를 위해서는 지역사회의 참여와 책무성을 강화한 교육주민자치를 뿌리내리고 지역교육을 위한 인프라와 네트워크를 안착시켜야 한다.

[표 Ⅳ-1] 지역교육협의회 단계적 운영 방안

초기		중장기
〈목표〉 마을교육공동체 구축을 위한 비전 확립과 추진 방향 설정, 운영 주체 확립, 지역교육 네트워크 구축 등		〈목표〉 마을교육공동체의 지속가능성 확보, 교육주민자치 확립, 지역교육 거버넌스 체제 확립 등
〈구성〉 교육청, 지자체, 학부모 단체, 시민사회 단체, 교원 대표 등으로 구성	→	〈구성〉 다양한 교육 주체를 포함하여 상임위원회와 운영위원회로 구분하여 운영
〈역할〉 – 마을교육공동체 비전 및 의제 개발 – 신규 사업 방향 및 개발 – 운영 재원 확보 및 행정 지원의 체계화 – 사업 홍보 – 사업 평가 및 보고 등		〈역할〉 – 지역사회 참여 및 책무성 강화 – 지역사회 교육력 증진 – 지역교육 네트워크 구축 – 지역교육 인프라 구축 등

나. 중층적 중간지원조직

지역에는 마을교육협의회가 결정한 사항을 현실화하기 위한 실행 단위의 조직이 필요하다. 기존에 중간지원조직은 다양한 이름의 지역교육지원센터로 설치·운영되고 있다. 대부분의 경우는 지역사회에 하나의 중간지원조직을 만들고 이를 통해 마을교육을 지원하기 위한 행정적 지원센터 역할과 함께 마을교육 프로그램을 실제로 운영하는 운영센터의 역할까지 도맡아서 하고 있는 실정이다. 하지만 관官의 행정적 지원 기능을 대행해 주는 역할과 마을교육 프로그램 및 활동을 운영하는 역할은 분리될 필요가 있다.

다시 말해서 마을교육을 위한 중간조직 중 '마을교육지원센터'는 지자체와 교육청이라는 서로 다른 공적 기관의 연결고리 역할을 해야 하고, 관의 행정과 민의 실천을 연결하는 가교 역할을 해야 한다. 이것은 마을교육을 지원하는 중간지원조직의 공적인 역할이 강조된 것으로, 행정력을 발휘하는 마을교육지원센터의 필요성과 관련된 것이다. 한편으로 '마을교육운영센터'와 같이 지역의 특성에 따라 마을교육

[그림 IV-2] 마을교육공동체 중간지원조직 운영 체계

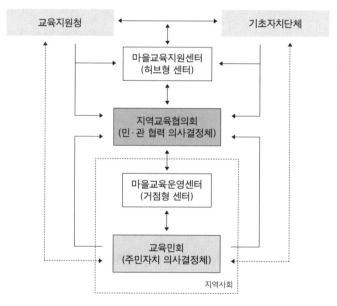

활동과 프로그램을 기획하고 이를 운영하기 위한 조직이다. 이러한 중간조직은 마을의 배움터로서 지역사회의 여건과 환경에 따라 설치 및 운영의 방식이 다를 것이며, 참여하는 주체들도 관보다는 민간 영역에서의 적극적인 참여가 필요하다.

흔히들 하나의 중간지원조직을 만들고 역할의 구분 없이 행정적 지원과 마을교육 프로그램 운영을 동시에 진행하면서 다양한 시행착오를 경험하게 된다. 따라서 행정적 지원을 목표로 하는 상층 단위의 허브형 지원센터와 마을교육 실천을 목표로 하는 지역 단위 거점형 운영센터 설치라는 중간지원조직의 중층적 구조를 제안할 수 있다.

허브형 지원센터

허브형 지원센터의 주된 역할은 마을교육정책 기획 및 개발, 마을교육공동체 인적·물적 자원 발굴 및 관리, 마을교육 활성화를 위한 행·재정적 지원, 지역 거점형 운영센터 지원 및 관리 등을 포함할 수 있다. 마을교육공동체를 구축하고 운영하기 위해 필요한 공적, 행·재정적 지원과 관리가 더욱 현실적이 되기 위해서는 관官이라는 공적 영역이 민간을 직접 지원하는 방식보다 민民을 잘 알고 살필 수 있는 중간지원조직을 두고 이를 통해 지원하는 방식이 더욱 효과적일 수 있다.

마을교육공동체가 자생성을 지니려면 지역의 환경과 토대적 역량에 기초하여 주민의 주도로 만들어지고 운영되어야 한다. 또한 지역사회의 한 축인 공적 영역이 이 과정에서 행정적 지원과 관리를 맡아 하는 것이 마을교육공동체의 지속가능성과 자생성을 높이는 한 조건이기도 하다. 이러한 측면에서 허브형 마을교육공동체 지원센터는 지역의 인적·물적 자원을 관리해야 한다. 지역의 활동가, 교육 실천가, 기부자, 주민들을 참여시키고 이들의 역량을 강화하여 지역교육의 인적 자원으로 성장시키는 역할이 중요하다. 더불어 지역의 교육적 인프라를 발굴하고 이를 확충하기 위한 행정적 역할을 수행해야 한다. 지역사회를 네트워킹 시키는 것은 허브형 센터의 중요한 역할 중 하나이다. 민과 관을 연결하고, 학교와 지역의 협력을 도모하고, 교사와 활동가를 연결하고, 주민과 시민사회의 참여를 도모해야 한다. 이러한 네트워킹은 마을교육공동체 실현을 위해 지역의 사회적 자본과 토대적 역량을 구축하는 일과 맞닿아 있다.

이러한 허브형 센터는 지자체나 교육청에서 파견된 공무원들을 중심으로 필요에 따라서는 파견교사나 청소년지도사 및 사회복지사 등과 같은 현장 전문가들로 구성될 수 있다. 혹은 '성남형교육지원단'처럼 민간 영역에서 영입한 센터장을 위시로 공무원과 전문가들로 구성된 센터 운영 방식도 고려할 수 있다. 최근 이와 같은 다양한 형태의 허브형 지원센터 사례가 나오고 있는데, 경기도교육청이 설치·운영하던 '마을교육공동체 추진단'은 지역의 마을교육공동체 발굴 및 육성을 위해 꿈이룸학교 지원, 주민·활동가·교사들을 위한 교육 및 연수, 학교와 지역사회 연계 등의 역할을 수행하고 있다. 화성의 창의지성교육지원센터나 시흥의 행복교육지원센터는 교육청이 아니라 지자체가 설치·운영하고 있는 허브형 중간지원조직이라고 볼 수 있다. 교육청과 지자체가 공동으로 혹은 독자적으로 운영하는 허브형 지원센터 설립을 위해서는 관련 조례, 인적 구성, 센터 조직, 권한과 역할, 예산 확보 등과 제도적 정비와 함께 구체적인 방안이 마련되어야 한다.

거점형 운영센터

허브형 지원센터가 관(官)의 역할을 대행하기 위한 중간지원조직이라면, 지역 거점형 운영센터는 민(民)에 의해 주도되는 교육적 프로그램이나 실천을 주도하는 교육활동 플랫폼이라고 볼 수 있다. 지역사회에서 실제로 이루어지는 다양한 마을교육 프로그램이나 활동을 개발·운영·평가하는 일은 지역의 상황과 여건에 맞게 지역 주민들에 의해 이루어지는 것이 바람직하다. 이러한 관점에서 마을교육공동체를 위한 거점형 운영센터는 동이나 읍면 단위에서 교육 실천이 이루어질 수 있는 공간과 시설을 갖추고 있는 마을의 배움터이다.

지역의 방과후활동, 돌봄, 진로교육, 창의적 체험활동, 문·예·체 활동, 민주적 시민교육 등이 지역의 교육 네트워크 안에서 원활하게 이루어질 수 있도록 교육 프로그램 운영과 지원이 필요하다. 예를 들어 서울시 노원구 '공릉 청소년문화정보센터'는 지역의 도서관이면서 이러한 거점형 운영센터로서 지역 청소년들의 학교 밖 교육활동을 기획하고 운영하고 있으며, 학교와의 연계 프로그램을 개발하여 지속적인 교류를 실천하고 있다. 동탄의 '이음터' 또한 학교의 운동장에 시설을 짓고 지역의 아이들이 학교교육 전후로 언제나 드나들 수 있는 배움의 이음터 역할을 하는 대표적인 사례이다.

지역별 센터의 설치와 운영 그리고 인적 구성 등과 관련된 구체적인 방안을 마련해야 한다. 대부분 지역 거점형 센터는 지역의 활동가, 자원봉사 주민, 교육 프로그램 운영 전문가 등으로 구성되며, 이들의 역할은 지역의 청소년과 주민들의 교육적 활동을 지원하고 보조하는 것이다. 이러한 동이나 읍면 단위의 거점형 마을교육 운영센터를 설치하기 위해서는 기존의 지역사회 공적 시설을 적극적으로 활용할 필요가 있다. 예를 들어 학교의 유휴 시설, 지역 도서관, 청소년 문화 시설 등의 활용을 검토해 볼 수 있으며, 또는 주민센터, 복지시설, 평생교육센터, 대학 등을 청소년에게 개방하는 방안도 고려해 볼 필요가 있다.

학교와 지역사회 연계

허브형 혹은 지역 거점형 중간지원조직의 역할 중 빼놓을 수 없는 것이 학교와 지역사회의 연결이다. 더 나아가 지역의 성인교육과 청소년 교육이 하나로 합쳐지는 지역사회 기반 평생학습 공동체를 구축하는 것이 마을교육공동체의 궁극적인 방향이다. 양병찬[2018]은 이와 같이 지역의 주민교육과 청소년들이 실천하는 마을교육이 결합되는 '지역연계형 평생학습센터'로서의 중간지원조직을 구상하고 있다. 이는 교육지원청이 주도하는 마을교육공동체 지원과 정책이 지자체가 주도하는 평생교육을 위한 노력과 어우러지는 평생학습센터의 구축을 의미한다. 이를 통해 지역사회의 모든 교육적 주체와 기관이 만나고, 내용과 실천이 함께 이루어지며, 참여와 연대가 실현되는 지역사회 평생

학습 시스템을 구축하는 것이다.

현재의 방과후학교 지원이나 교육복지, 학부모교육, 학습부진아 지원, 진로체험 및 자유학기제 지원 등 다양한 사업들을 통해 학교와 지역사회를 연계하고 있지만, 현실은 각 사업이 서로 분절적으로 이루어지고 있기 때문에 실효를 거두고 있지 못한 실정이다. 이러한 분절적 사업들을 '지역 연계 평생학습센터'로 통합해서 전문성을 갖는 중간지원조직으로 재구성할 필요가 있다. 또한 주민교육, 주민리더양성, 마을사업 등 평생교육적 차원에서 운영되는 다양한 지원사업을 마을교육공동체의 흐름과 유기적으로 결합시켜야 한다. 따라서 마을교육통합플랫폼을 설치하기 위해서는 '평생학습센터'와 관련된 제도 정비, 플랫폼 운영을 위한 예산 확보, 지역의 교육전문 인력의 양성과 활용 등을 위해 지자체와 교육청의 유기적인 협력이 바탕이 되어야 한다.

허브형 지원센터 사례

시흥시 행복교육지원센터

시흥 행복교육지원센터는 시흥시와 시흥교육지원청 그리고 지역사회를 연결하는 허브형 마을교육지원센터로 역할을 수행하고 있다. 조직 구성은 공무원을 포함하여 행정인력 5명, 장기출장 교사 2명, 기간제 근무자 2명 등을 포함해 총 11명으로 이루어져 있다. 지자체가 운영하는 재단 산하의 위탁형 독립센터로서, 센터 조직은 마을교육지원팀, 학교지원팀, 문화홍보팀, 행정지원팀 등으로 구성되어 있다. 주된 과업을 초기, 중기, 장기로 나누어 초기에는 마을교육 인프라 구축에 중점을 두고, 중기적으로는 마을교육공동체 문화 확산 및 거점형 운영센터 개발과 지원을 강화하고, 장기적으로는 자생적인 학습생태계를 만드는 목표를 달성한다는 계획이다. 아래 표에는 센터의 목적, 예산, 과업, 조직, 운영 방안 등이 비교적 상세하게 제시되어 있다.

[표 IV-2] 혀브형 지원센터 사례: 시흥행복교육지원센터(2018년 현재)

항목		내용	비고
센터 목적		◻ 정부-시흥시-시흥교육지원청의 허브 역할 수행 ◻ 마을과 학교가 상생하도록 연결-지원 　(마을-학교 간 넘나드는 마을교육과정 중심 배움공동체 활성화) ◻ 행정과 교육의 협업 시스템으로 시흥형 교육자치 실현	
조직 구성		11명(센터장 1, 행정인력 5 / 초·중등교사 2, 교육행정직 1, 기간제 2)	
사업 기간		2015년 1월~(지속)	
센터 개소		2015년 4월 28일	
운영 방식		시 직영(2015년 1월 조례 제정 / 10월 개정)	
사업 내용		시흥혁신교육지구 시즌2(시흥시·도교육청 5개년 MOU 체결)	
사업 대상		초·중·고 80개교	
추진 내용	초기 (2015)	◻ 시흥창의체험학교, 학교와 지역 연계 교육과정 제안 사업 추진 ◻ [시흥 교육 브랜드 발굴] 연구용역 추진, 센터 설치 조례 제정 ◻ 지역교육 자원 역량 강화: 학부모, 마을강사 등 ◻ 마을교육공동체 구축을 위한 지역교육 자원 조사	
	중기 (2016 ~2017)	◻ 교육협력 협업 시스템 장착: 시흥혁신교육지구 시즌2(5년 차 협약) ◻ 마을교육과정 연계 교육 지원 사업 온·오프라인 매칭 시스템 구축 ◻ 권역별 학부모, 마을활동가 네트워킹 및 마을교육공동체 허브 구축	

추진 내용	장기 (2018 ~지속)	□ 시흥 교육 브랜드 확립 및 보급: 시흥형 교육자치 실현 □ 시흥형 마을교육공동체 모델 완성	
예산액		4,023.5백만 원(센터 운영 예산: 154.8백만 원) (시흥시 3,220.8백만 원 / 도교육청 802.7백만 원)	재정 분담률 8:2
(제시된) 발전 방향		1. 유형(분권적 허브형 센터): 시흥 4개 권역에서 발생하는 교육적 요구와 실천을 총괄하여 관리·운영하는 허브형 센터로 역할을 수행하되, 구체적인 교육 사업 및 프로그램의 운영은 센터가 주도하는 것이 아니라 각 지역적 요구와 특색에 맞게 분산적으로 배치·육성하는 운영 방식을 채택함 2. 운영 방식(재단 산하 위탁형 독립 센터): 궁극적으로 행정과 주민참여를 복합적으로 반영하는 센터 운영이 필요. 이를 위하여 현 시흥시 '교육청소년 장학재단' 아래 센터를 위치시키고, 운영의 독립성을 확보하기 위하여 외부 위탁형으로 운영. 이를 통해 의사결정, 인사, 조직 운영 등에서 외부 위탁 기관의 자율권을 인정 3. 역할: – 지역의 교육적 요구를 수용·해결하는 one-stop service 제공 – 마을교육공동체 구축을 위한 다양한 플랫폼 운영 및 관리 – 지역+학교+행정을 위한 네트워킹 4. 조직 및 업무: – 마을교육지원팀: 지역의 교육 자원 발굴, 개발, 지원, 평가, 관리, 교육 등. '사람(참여)' PF 운영 – 학교지원팀: 학교 간 연대(클러스터), 지역+학교 네트워킹, 학교 및 교사 지원 등. '교육 콘텐츠' PF 운영 – 문화홍보팀: 소통과 공감, 시민대학 지원, 마을교육 컨퍼런스 주최 등. PF '소리(SORI)' 운영 – 행정지원팀: 예산, 시청 부서 간 협력, ABC 학습센터 관리, 교육 프로그램 DB 구축 등. '공간' PF 운영	
(제시된) 단계적 운영 방안		□ 센터의 궁극적인 방향은 지자체와 민간이 협력적으로 운영하는 분권적 허브형 모델로서 마을교육에 관한 정보와 행정 지원 및 각 영역의 플랫폼 운영의 주체가 됨. □ 아울러 거점형 지역마을교육지원센터 지원·관리의 역할을 수행. □ 하지만 이러한 센터를 구축하기 위한 조례 제정, 예산 확보, 조직 구성 등에서 현실적인 상황을 반영하여 단계적인 접근이 필요함	

1. 초기

〈조직 구성〉

☐ 현재의 행복교육지원센터 인력구조를 보강하는 차원. 담당 공무원, 사회복지사, 청소년지도사 등의 인력을 확충하여 허브형 센터의 기초를 다짐

〈주요 업무 및 역할〉

☐ 기존에 수행해 왔던 마을교육 프로그램 개발 및 운영
☐ 지역교육 자원 네트워킹, 정보 제공, 행정 지원 등
☐ 작은 단위(지역)의 거점형 마을교육지원센터 발굴 및 육성
☐ 거점형 마을교육지원센터의 주된 목적은 마을교육 프로그램 운영 및 지역 네트워크 활성화이기 때문에 행정력 발휘에 필요한 공무원이 직접 투입될 필요가 없음. 따라서 지역의 마을교육활동가 및 주민 혹은 사회복지사나 청소년지도사와 같은 교육 전문 인력으로 구성된 작은 단위의 센터가 되어야 함
☐ 거점형 센터의 공간과 시설은 기존의 사회복지관이나 청소년 문화시설 등의 활용을 적극적으로 모색해야 함

2. 중기

〈조직 구성〉

☐ 앞서 제시한 바와 같이 센터 내에 마을지원팀, 학교지원팀, 문화·홍보팀, 행정지원팀 등과 같이 구체적인 역할을 수행할 수 있는 조직구조를 구축하고, 이에 맞는 인적 구성 확보

〈주요 업무 및 역할〉

☐ 완성된 허브형 마을교육지원센터를 구축하기 위한 행정적, 정책적, 제도적 여건 조성
☐ 시흥 전역의 마을교육 관련 정보 공유 및 문화 확산
☐ 마을교육 확산 및 지속적 발전을 위한 행정 지원
☐ 거점형 마을교육지원센터에 마을교육 프로그램 운영에 관한 권한의 순차적 이양
☐ 거점형 센터의 역량 강화 및 관리·지원

3. 장기

〈조직 구성〉

☐ 민·관 그리고 전문가들이 협력적으로 운영하는 허브형 마을교육지원센터로서 제도적 조건과 장치를 완비하고, 이에 맞는 인적 구성 및 조직구조 구축

〈주요 업무 및 역할〉

☐ 허브형 센터로서 마을교육에 관련한 one-stop services 제공
☐ 시흥형 마을교육공동체 구축을 위한 교육문화 확산
☐ 마을교육 참여자들 간의 소통과 공유를 기반으로 하는 관계 공동체 구축
☐ 각 영역의 플랫폼 운영에서 자치적 참여와 자생적 발전을 위한 학습생태계 구축

중층적 구조의 사례

화성시 창의지성센터와 이음터

경기도 화성시는 지역교육을 위해 허브형 지원센터와 거점형 운영센터를 운영하고 있는 대표적인 사례이다. 지역의 교육혁신을 위해 '창의지성교육지원센터'라는 허브형 센터와 함께 최근에는 동탄지역을 비롯한 다양한 지역에 '이음터'라는 거점형 운영센터를 활성화시키고 있다. 이를 위한 행정적 협력은 화성시청의 교육협력과와 화성오산교육지원청의 초등교육과에서 담당하고, 화성시인재육성재단을 구성하여 그 산하에 창의지성교육지원센터와 이음터 등을 설치·운영하고 있다. 뿐만 아니라 마을교육 협의체로서 '화성창의지성교육협의회'를 설립하여 교육장과 화성시장을 공동위원장으로 하고 그 밖에 학교장, 시의원, 지역대표 등 13명의 위원으로 구성·운영되고 있다. 협의회의 목적은 다양한 지역사회 구성원이 직접 참여하고 협력함으로써 교육혁신과 지역교육 지원과 각종 사업 운영의 민주성 및 투명성을 확보하고, 화성시 특성에 맞는 교육 의제 개발 및 교육 현안을 해결하는 데 있다.

화성시는 경기도교육청이 추진하고 있는 혁신교육지구사업을 초기부터 독자적으로 실시하던 지역 중의 하나이며, '화성창의지성도시사업'도 혁신교육지구사업의 일환으로 추진되고 있다. 허브형 중간지원조직으로서 창의지성교육지원센터는 행·재정적 지원이나 지역의 교육역량 강화 등의 업무를 주로 맡는다면, 거점형 운영센터인 이음터는 마을과 학교의 연계를 강화하고 마을교육 운영의 플랫폼으로 역할을 하고 있다. 현재까지 화성시는 동탄중앙이음터와 다원이음터 두 곳을 개관하여 운영 중이지만, 앞으로는 다양한 지역에 학교복합시설이자 마을교육공동체 구현을 위한 실천적 플랫폼으로 이음터의 확산을 계획하고 있다.

[그림 IV-3] 화성시인재육성재단 구조

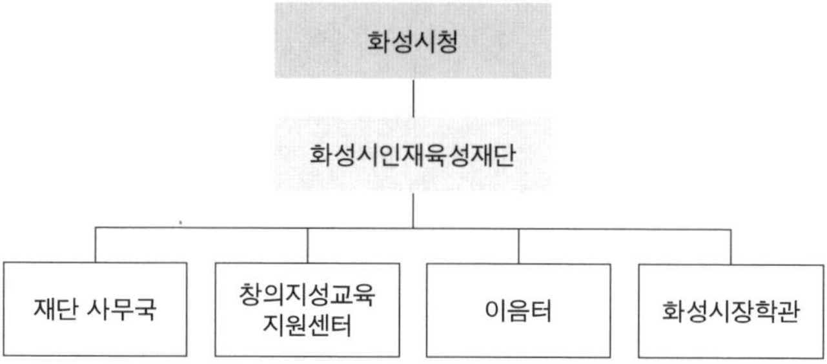

출처: 화성시인재육성재단 홈페이지(http://www.hstree.org/)

창의지성교육지원센터

창의지성교육센터는 화성창의지성교육도시사업 수행을 위해 화성시의 행·재정 지원으로 설립·운영되고 있으며, 이를 위해 화성시청과 화성오산교육지원청의 유기적 협력 관계를 통해 여러 교육 사업에 대한 지원을 하고 있다. 센터의 주된 역할 및 업무는 창의지성학교 운영 지원, 진로직업·문화예술교육·지역연계 체험활동에 필요한 지역사회 인적·물적 자원 발굴, 교육 인프라 구축, 교사 및 학부모 창의지성교육 역량 강화, 화성창의지성교육한마당 운영, 기관지 발간 등 광범위하게 포함하고 있다. 센터 조직은 운영지원팀, 연구기획팀, 학교교육협력팀, 지역교육협력팀, 진로직업협력팀 총 5개 팀으로 구성되어 있으며, 센터장을 포함해 총 18명의 인력이 배치되어 있다.

[그림 IV-4] 화성시창의지성교육지원센터 조직도

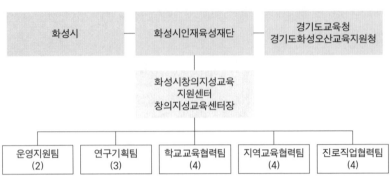

출처: 화성시창의지성교육지원센터 홈페이지(http://www.hsccie.com/)

이음터 운영센터

화성의 이음터는 기존의 학교부지 일부에 지자체의 재원으로 학교복합시설을 설치, 학교와 지역사회를 연결하는 공간이자 배움터이다. 화성창의지성교육도시사업과 학교복합화시설사업이 결합되어 탄생한 이음터는 지역과 학교 그리고 사람을 잇는 터전(공간)을 조성하는 사업이다. 즉 학교를 주민과 학생이 공유하는 학교복합화 시설로 재구성하고, 학생과 주민 간의 심리적인 거리와 물리적인 거리를 좁혀서 서로 소통할 수 있는 환경과 여건을 만들기 위한 새로운 시도이다. 이를 위해 이음터 건물과 공간의 배치도 학생들이 등하교를 이음터 통로로 하게 만들었고, 학교와 지역사회의 경계를 허물 수 있는 위치에 개방적으로 구성해 놓았다. 현재 운영되고 있는 동탄중앙이음터는 동탄중앙초등학교와 지역을 연결하고 있고, 다원이음터는 다원중학교와 연결되어 있다.

화성시는 인구 5만 명당 1개의 마을 중심 이음터 조성을 추진하고 있다. 전체 인구가 30만 명인 동탄신도시 지역의 경우는 6개 기초생활권으로 나누어 각 생활권에 이음터 설치를 추진하고 있다. 거점

[그림 IV-5] 교육·문화 복합 시설로서의 화성시 이음터

출처: 화성시 동탄중앙이음터 안내 책자

[그림 IV-6] 화성시 이음터 사업 개요

출처: 화성시 동탄중앙이음터 홈페이지(http://www.hs-ieumteo.org/)

형 마을교육 운영 센터로서 화성시 이음터의 특징 중 하나는 이음터마다 특화된 프로그램과 활동을 지향하고 이를 위한 시설과 공간 디자인을 하고 있다는 점이다. 예를 들어 동탄중앙이음터는 ICT로 특화된 프로그램을 가지고 있고 이를 위한 시설과 장비를 구비하고 있다. 한편 다원이음터는 문화예술 분야로 특화되어 있기 때문에 각종 공연과 전시 및 문화적 시설을 갖추고 있다. 이음터는 개별 학교나 마을 단위에서 하기 힘든 프로그램을 제공하기 위한 시설과 장비를 갖추고 마을과 학교, 지역사회와 대학, 삶과 배움을 이어 주는 마을교육 거점 역할을 하고 있다. 현재 이음터 조직 운영을 살펴보면 센터 운영을 총괄하는 센터장과, 팀장과 팀원 등을 포함한 실무적 인력이 배치되어 있다.

3. 마을교육공동체 활성화를 위한 법제화 방안

마을교육공동체가 점차 확산되고 심화되면서 관련 규정 및 법률에 입각하여 정책과 지원이 이루어져야 한다는 필요성이 제기되고 있다. 마을교육공동체 구축을 위한 초기적인 과정뿐만 아니라 이제는 이를 보다 활성화, 확산시켜야 하는 새로운 국면을 맞이하면서 관련된 법률, 시행령, 조례, 규칙 등의 차원에서 제도적 정비가 이루어져야 한다는 시대적인 요구가 증대하고 있는 것이다.

법제화 방식 및 기본 구조

마을교육공동체 활성화를 위한 법제화 방식으로 황성진2018은 두 가지 방안을 제시하고 있다. 먼저 기존의 「초·중등교육법」에 별도의 장 내지는 절을 만들어 마을교육공동체에 관한 내용을 규정하거나, 같은 법 제61조의 특례규정을 개정하여 법률과 시행령에 그 내용을 규정하는 방법이 있다. 또는 마을교육공동체가 가지는 특수성을 감안하여 이에 대한 지원과 역할을 강조하는 별도의 독자적인 법률을 제정하는 방식이 있을 수 있다.

만약, 독자적인 법률 제정을 제안하자면 그 법률안의 기본 구조는 아래와 같다.

[표 IV-3] 마을교육공동체 설립 및 지원에 관한 법률안

마을교육공동체 설립 및 지원에 관한 법률안	
- 목적 - 정의(대상, 범위) - 기본 이념 - 국가·지방자치단체의 장과 교육감의 책무	- 종합 계획 및 기본 계획의 수립 - 마을교육공동체 운영위원회 - 마을교육공동체 지원센터의 설립 및 운영 - 마을교육 전담 교사 육성 및 운영

출처: 황성진(2018). 마을교육공동체의 법령 정비 방안에 대한 토론

한편, 마을교육공동체에 관한 독자적인 법률 제정에 앞서 행·재정적 지원의 근거를 확실히 하기 위한 관련 법률 개정이 필요하다. 예를 들어 「지방교육자치에 관한 법률」 제2조에서 규정하는 교육·학예 사무 관장의 범위를 현재는 특별시·광역시 및 도로 규정하고 있는데, 이를 '지방자치단체'라 하여 시·군·구의 기초자치단체의 참여를 명문화해야 한다. 이와 같은 방식으로 「지방교육재정교부금법」 제11조 ⑨항

에서 광역단위로 국한하고 있는 교육비특별회계 전출의 권한을 기초자치단위로 확대할 필요가 있다.

마을교육공동체 활성화 지원에 관한 조례

앞서 제시된 바와 같이 상위 법의 제·개정을 통한 마을교육공동체 지원체계 확립과 함께 지방자치단체나 시·도 교육청 단위에서의 조례 규정도 함께 고려해야 한다. 충청남도 도의회에서 의원 발의된 조례안인 「충청남도교육청 충남 마을교육공동체 활성화 지원에 관한 조례」를 살펴보면 앞서 제시된 법률안의 구성과 대동소이함을 알 수 있다. 이와 같은 몇 사례를 통해서 알 수 있듯이, 마을교육공동체 활성화 조례안의 구성은 예를 들어 조례의 목적, 정의, 기본 원칙, 책무, 기본 계획 수립, 마을교육공동체 조성, 위원회 설치 및 기능, 전담 부서 설치, 지원센터 설치 등과 같은 내용이 포함되어야 한다.

그 밖에도 마을교육공동체 활성화 지원을 위한 확장적이고 포괄적인 조례 구성을 위해서 고려해야 할 사항들이 있다.^{김은경 외, 2018; 박상옥 외, 2018} 먼저, 마을교육공동체의 지속가능성을 확보하기 위해서는 일반자치와 교육자치가 공동의 목표를 같은 관점에서 해석하고 사업을 진행하도록 준비하는 것이 중요하다. 이를 위해 예를 들면, 관계자를 대상으로 한 반복적인 역량 강화 연수 명문화, 지역사회의 다양한 유관 기관들과의 협력체계 구축, 또는 필요 시책 및 사업에의 적극적인 참여 등의 내용을 추가하여 지방정부 수준에서 강력한 교육 주체로서 지방자치단체장의 인식을 강화하는 내용을 포함할 수 있다.

[표 IV-4] 마을교육공동체 활성화 지원 조례 구성안

구분	세부 내용
목적	지속가능한 상생의 교육생태계를 조성하기 위해 필요한 사항을 규정함을 목적으로 함
정의	마을교육공동체, 마을교육공동체 관련 사업, 마을교육공동체지원센터, 교육생태계를 정의 내림. 이 중 마을교육공동체지원센터는 교육감과 지방자치단체장이 마을교육공동체 사업의 활성화를 지원하기 위해 설치하는 조직을 명시함
기본 원칙	마을교육공동체는 학교와 지역사회 전체의 교육력 강화를 지향하고, 공동체 구성원의 자발적 참여를 기반으로 하며, 마을의 특성 및 문화의 다양성을 존중하고, 학교와 지역 주민, 행정기관의 상호 신뢰와 협력을 바탕으로 추진하며, 궁극적으로 사회적 자본을 형성하도록 노력함을 명시함
책무	교육감과 지방자치단체장은 서로 협력하여 마을교육공동체가 지속적으로 발전하는 데 필요한 시책 및 사업을 발굴·추진해야 하고, 이를 행·재정적 지원으로 지원해야 함을 명시함
기본 계획 수립 등	교육감이 5년 단위로 마을교육공동체 활성화 사업 지원을 위한 기본 계획을 수립할 것과 연도별 시행계획을 수립할 것을 명시함
마을교육공동체 조성	마을교육공동체 운영 내실화를 위한 세부 사업 내용을 명시함. 또한 교육감은 사업의 효율적 추진을 위해 각 호의 사업 전부 또는 일부를 법인·단체 또는 기관, 개인에 위탁할 수 있음을 명시함
위원회의 설치, 기능 등	교육감 소속 마을교육공동체 지원위원회를 설치할 것을 명시함. 교육청은 정책기획, 교육혁신 담당 부서장을 당연직으로 선출하고, 지자체는 교육업무, 공동체 총괄 업무 담당 부서장을 당연직으로 선출할 것 등을 명시함
전담 부서 설치	교육청 내 전담 부서 설치를 명시함
지원센터의 설치	교육감과 지방자치단체장은 마을교육공동체지원센터를 설치·운영할 수 있음을 명시함. 나아가 경비와 사업비 지원, 소속 공무원 파견, 유사 센터 통합·운영 등을 명시함

자료: 김용련 외(2018)에서 재구성

마을교육공동체 실천에서 자주 경험하게 되는 협동조합이나 교육기부에 대한 규정을 명문화하여 지역사회의 참여와 이를 위한 지원을 체계화하는 노력도 필요하다. 경우에 따라서는 그 지역사회가 이해하고 공유하고 있는 마을의 개념, 마을학교 그리고 마을교육공동체의

[표 Ⅳ-5] 조례 제정을 위한 고려 사항

구분	내용
역량 강화	마을교육공동체의 역량 강화를 위한 연수, 프로그램 지원
유관 기관과의 협력체계	마을교육공동체 활성화를 위한 지방자치단체, 대학, 비영리법인 또는 단체, 유관 기관과의 협력체계 구축
지방보조금 지원	마을교육공동체 사업을 위해 지역 사회단체에 지방보조금을 지원하고 효율적으로 운영·관리하는 사항과 관련된 조항
협동조합이나 교육 기부자 참여	학교협동조합, 교육 기부(자원봉사) 등 '교육'을 중심에 두고 아동·청소년과 주민이 만나 형성하는 영역의 내용에 대한 지원 조항 - 위 내용을 별도 조례로 정하는 경우(서울, 광주, 세종, 전북)도 있음
기관 협조	지방자치단체장의 행·재정적 지원을 포함하여, 관계 기관과의 긴밀한 협력, 필요 시책 및 사업 적극 참여 등의 내용 강화
개념 및 비전 공유	'마을'의 개념 정의 구체화 - (광주광역시) 생활환경을 같이하며, 정서적 유대의식을 갖고 문화 등을 공유하는 공동체 - (서울 성북구) 일상적인 생활환경을 같이하는 공간적 개념과, 환경·문화 등을 공유하는 사회적 개념을 총칭
마을학교	'마을학교'와 '마을학교(또는 마을교육) 활동가' 개념 정의 구체화 - (서울 노원구) 마을학교란 문화·예술·체육·전통놀이 등 다양한 분야에 걸쳐 주민들이 스스로 만들어 운영하거나 단체, 기관 등이 주민을 대상으로 운영하는 교육 등의 프로그램을 말함/마을교육활동가란 마을학교를 개설하여 운영하거나 마을학교에 참여하여 재능, 나눔, 봉사를 실천하는 사람 등을 말함

자료: 김은경 외(2018)와 박상옥 외(2018)에서 재구조화

실천을 개념화하고 구체화하는 조항을 포함할 수 있다. 마을교육공동체는 다양한 주체들이 협력적으로 참여하는 마당이기 때문에 주요 개념과 활동에 대한 공유된 이해와 인식이 필요하며, 이를 통해 활동의 혼선을 줄여 나가기 위해 노력해야 한다.

3부

미래

V.
마을교육공동체와 미래교육

1. 마을교육공동체의 현재:
   마을교육공동체는 프로그램인가

최근 우리 사회에 미래교육 논의가 뜨겁게 이루어지고 있다. 다양한 측면에서 미래교육을 정의하고 특징지을 수 있겠지만, 절대로 간과할 수 없는 미래교육 키워드 중 하나는 지역이다. 마을교육공동체는 이러한 시대적 흐름에 부합하는 혁신교육의 한 영역이자, 미래교육의 대안이라고 할 수 있다. 미래교육이 추구하는 지역과 함께하는 교육이 지속가능한 실천이 되기 위해서는 마을교육공동체의 현재를 살펴볼 필요가 있다. 지역사회에서 이루어지고 있는 마을교육의 실제와 학교에서 경험하는 마을교육에 대한 인식을 짚어 보고, 이를 바탕으로 성찰할 것과 개선해야 할 것을 모색해 봐야 한다.

마을이 없는 마을교육공동체
마을교육공동체라는 이름으로 학교 밖에서 이루어지는 배움활동

중에는 정작 마을을 찾아볼 수 없는 경우가 종종 있다. 가령 마을학교에서 이루어지는 예체능 관련 배움활동이 그 동네에 있는 사설 학원의 배움과 별다른 차이가 없다면 이를 마을교육공동체라고 하기에는 무리가 있다. 단지 우리 동네에 마을학교가 하나 있다고 해서 그곳이 마을교육공동체가 될 수 없듯이, 지역과 상호작용하지 않는 배움활동은 마을교육이 될 수 없다. 학교 밖 배움활동이 마을교육공동체의 일환이 되기 위해서는 지역에 터해서, 지역과 함께, 그리고 지역을 위해서 이루어져야 한다. 마을교육공동체의 목표는 '마을 사람'을 키우는 것이다. 마을 환경과 만나고, 세상과 소통하고, 이웃들과 대화하면서 배우는 것이 마을교육이고 이를 통해 마을 사람으로 성장시키는 것이다. 경기도의 꿈의학교이든 서울의 마을학교이든 강원도의 온마을학교이든 이들이 마을교육공동체가 되기 위해서는 배움활동에 반드시 마을이 있어야 한다.

학교는 마을을 소비하려고만 한다?

마을은 교육을 위한 자원, 대상, 그리고 도구 이상은 될 수 없는가? 혁신교육이나 마을교육공동체의 의미를 지역사회와 학교의 연대라고 했을 때, 과연 그 연대 속에 지역의 의미는 무엇이었는지 이제는 고민해 봐야 한다. 지금까지 우리의 실천 속에서 마을교육공동체를 위한 지역은 아이들 교육을 위한 부수적, 보조적, 수단적 성격에 국한되어 왔다. 아이들 교육을 위해 '마을이 자원'이라는 생각과 '마을이 파트너'라는 생각에는 커다란 차이가 있다.

서울 노원구 청소년정보문화센터 이승훈 센터장이 말하듯 그동안 마을교육은 일방향적으로 진행되어 왔고, 그래서 학교는 마을을 소비하려고만 하였다. 교육을 위해 마을을 학교로 불러들일 때나 아이들을 데리고 마을로 나갈 때 우리는 지역의 전문성을 따지고 그들의 준비성을 점검하는 데 익숙했다. 아이들의 배움을 위해 지역을 더 이상 대상화시켜서는 안 된다. 지역은 엄연한 교육의 주체이다. 미래교육으로서 마을교육공동체의 궁극적인 방향은 지역 주민의 집단지성화이며 지역의 상생이 되어야 한다.

마을교육공동체도 하나의 프로그램인가요?

학교와 교사들에게 마을교육공동체는 하나의 프로그램으로 인식되는 경향이 있다. 교사들에게 마을교육공동체는 그동안 추진되어 왔던 교육정책 중 하나일 뿐이다. 정치가 바뀌고 정책이 바뀌면 학교에서 운영하는 프로그램도 바뀔 수밖에 없다. 이러한 교육정책의 주기는 그동안 2~3년에 불과하였다. 그렇기 때문에 학교의 교사들은 마을교육공동체가 2년짜리 프로그램인지 혹은 3년짜리 정책인지 궁금해하는 경우가 있다.

지역사회와 함께하는 생태적 교육이 미래교육의 일환으로 지속되어야 한다는 믿음보다는 관성적으로 해 왔던 2~3년짜리 교육정책이나 프로그램 정도로 인식하고 있는 것이다. 아울러 학교의 교사들은 교육청이나 상급 기관으로부터 내려오는 공문을 통해 마을교육공동체를 접하기 때문에 사실 하나의 프로그램이나 업무로 인식될 수밖에 없다. 하지만 앞서 언급했듯이 마을교육공동체의 움직임은 비단 교육적 변화를 위한 교육계만의 독단적인 것이라기보다는 시대적 흐름과 요구에 부합하는 다양한 영역의 운동성과 맞닿아 있다. 따라서 2~3년 주기로 바뀌는 일시적 정책이 아니라 교육운동이나 문화로 보아야 한다. 마을교육공동체가 하나의 교육 프로그램이 아니라 미래교육의 지향이지 문화로 자리 잡기 위해서는 앞으로도 마을교육공동체에 대한 정확한 이해와 이를 위한 교육청의 노력이 수반되어야 한다.

아이들만을 위한 교육은 아이들을 위한 교육이 아니다

현재 우리가 실천하고 있는 마을교육공동체 활동은 전적으로 지역의 청소년들을 위한 학교 안팎의 교육 프로그램에 집중해 있다. 하지만 아이들만을 위한 교육은 아이들을 위한 교육이 아닐 수 있다는 점을 염두에 두어야 한다. 예를 들어 지역 성인들의 민주적 의식이나 교육적 역량은 좋지 않은데 그 지역 청소년들이 올바르고 역량 있는 시민으로 자라기 바란다면 그것은 그저 어른들의 모순이자 욕심일 뿐이다.

마을교육공동체가 지속가능하기 위해서는 아이들뿐만 아니라 지역의 주민 모두가 성장하고 발전하는 기회를 가질 수 있어야 한다. 더나아가 그 지역이 하나의 학습생태계로서 지역 주민들이 상호작용하고 공생할 수 있는 학습 환경이 조성되었을 때 비로소 지속가능한 마을교육공동체가 되는 것이다. 지역 성인의 성장과 발전 없이 그 지역 청소년만을 위한 교육환경과 실천이 조성될 수 있다는 발상은 편협한

것이다. 지역의 생태적 환경을 조성하고 그 속에서 상생과 공진화를
위한 실천이 이루어져야 한다.

2. 미래교육을 위한 준비:
   피로한 공부에서 창의적 배움으로

교육이 폭력일 수 있다

경쟁 위주의 교육이 낳은 결과는 성과주의이다. 아이들에게 성과라
는 것은 성적, 대학 진학, 취업 등으로 이해될 것이다. 성과를 얻기 위
해 다른 친구들과 경쟁해야 하고 그 경쟁에서 이기기 위해서는 목적
의 정당성을 따지기보다는 수단과 방법을 고민해야 한다. 그리고 이러
한 공부의 과정에서 우리 어른들은 청소년들에게 참으라 하고 견디라
하고 심지어 즐기라 한다. 아이들은 교육을 받는 동안 정신적·육체적
으로 피폐해지고 또 불행해한다. 한병철[2010]이 말하는 성과주의로 인
한 '피로사회'는 우리나라 교육의 현실이기도 하다. 한병철은 '피로는
폭력'이라고 말하고 있다. 강요된 피로는 모든 공동체, 모든 공동의 삶,
모든 친밀함을, 심지어 언어 자체를 파괴하기 때문이다.[p. 67]

강요된 피로는 공동체를 무너뜨리고 타자를 일그러뜨린다. 실제로
최근 우리 사회에서 회자되고 있는 '꼰대'라는 표현은 젊은이들이 바
라보는 기성세대의 권위와 억압에 대한 비판이다. 성과주의에 연연해
아이들의 올바른 성장을 유보시켰고, 그 유보된 성장이 채워지기 전에

그들은 이미 청년이 되어 버렸다. 그들에게 강요되었던 피로는 이제 꼰대라는 비아냥이나 일종의 언어적 폭력으로 기성세대를 향하고 있는 것이다. 설사 이 시대 학생들의 소진과 피로가 언어적·정신적 폭력으로 발현된다 하더라도 그것은 기성세대가 품고 가야 할 업보가 되어 버렸다.

성과주의에 집착하여 청소년들에게 강요된 교육은 일종의 폭력일 수 있다는 점을 인식해야 한다. 이러한 피로사회가 언제까지 지속되어야 하는지를 판단하고 행동하는 것이 이 사회 기성세대가 책임져야 할 몫이다. 누구도 원치 않는 교육이 학교에서 이루어지고 있지만, 그 누구도 이러한 전쟁 같은 교육을 당장 끝내자고 행동하지는 못한다. 교육에서 성과주의가 없어져야 생태적인 교육공동체가 만들어질 수 있겠지만, 역으로 교육공동체를 통해 성과주의를 약화시킬 수도 있다. 경쟁사회gesellschaft에서 원자화되고 파편화된 학교를 이제는 다 함께 참여하고 상생하는 학습공동체gemeinschaft로 만드는 것이 기성세대가 책임져야 할 미래교육을 위한 준비이다.

그동안 우리 교육은 삶의 생태계와 동떨어진 교실이라는 환경 속에서, 교과서를 통해서 지식을 암기하는 방식으로 이루어져 왔기 때문에 공부는 항상 고통스러운 것이었다. 하지만 생태주의적 관점에서 배움과 삶은 일치되어야 한다. 삶의 현장과 맥락 속에서 다른 사람들과의 상호작용을 통해 이루어지는 배움의 기회가 확대되어야 한다. 살아있는 학습을 위해 다른 사람들과 상호작용을 통해 지식이 구성되고 학습자가 성장하는 온전한 교육을 지향해야 한다.

미래 학습

미래 사회를 준비하기 위한 학습은 어떠해야 할까? 이시도 나나코 2016가 저술한 『미래교실』이라는 책에서 저자는 미래교육을 위한 10가지 관점을 제시하고 있다.

관점 1: 배우는 방법을 배우는 것

앞으로 학습은 '배우는 방법을 배우는 것learning how to learn'이 되어야 한다. 고기를 잡아 주는 것이 아니라 낚시하는 법을 가르치는 것이 교육이다. 미래교육은 교수자가 학습자에게 지식을 전달하는 방식이 아니라, 학습자가 스스로 학습할 수 있는 능력을 배양해야 하고, 이를 위해서는 배우는 방법을 학습해야 한다.

관점 2: 즐겁게 배우는 것

'즐겁게 배우는 것'이 필요하다. 공부가 애써 하는 것이라면, 배움은 일상에서 이루어진다. 아이들에게 일상은 배움의 기회가 되어야 한다. 학습은 학교 교실이라는 공간에서 교과서를 통해서 이루어진다는 고정 관념에서 벗어날 필요가 있다. 삶과 연결된 배움은 고통스럽지 않다. 그동안 학생들에게 공부가 피로이자 고통이었다면 이제는 즐기면서 이루어지는 일상의 배움이 확대되어야 한다.

관점 3: 실물을 접하면서 배우는 것

미래교육을 위해서 '실물을 접하면서 배우는 것'이 중요하다. 이시도 나나코는 그의 책에서 팝 가수인 마이클 잭슨의 말을 인용하고 있다. "세계 최고의 교육은 명인이 일하는 모습을 지켜보는 것이다." 미래교육은 자연 속에서 느끼고 사회 속에서 사람들과 부대끼며 배우는 방식을 적극적으로 적용해야 한다.

관점 4: 협동하면서 배우는 것

이제는 기업마저도 가장 선호하는 인재상이 '더불어 일하는 사람'이라고 한다. 경쟁에서 우위를 점하기보다는 협동하며 공동의 문제를 풀어 가는 능력을 높이 사는 것이다. 따라서 앞으로는 '협동하면서 배우는 것'이 필요하다. 경쟁 위주의 교육에서 협동은 불필요하고 소모적이며 때로는 일부 학생들만을 위한 활동이었지만, 이제 배움은 협동을 통한 실천의 과정이 되어야 한다.

관점 5: 서로 배우고 가르칠 수 있어야 한다

협동하면서 배운다는 것은 서로를 가르친다는 것과 같은 의미이다. 미래교육을 위해서는 '서로 배우고 가르칠 수 있어야 한다.' 지식은 독점하는 것보다 서로 나누었을 때 그 가치가 높아진다. 함께하는 집단 지성의 시너지를 발휘시키는 교육이 강화되어야 한다.

관점 6: 창조적 배움

이시도 나나코는 '창조적 배움'을 역설한다. 교육은 머리로 생각하는 것만이 아니라 아는 바를 실행하고 형상화하는 과정을 포함해야 한다. 배움과 실천을 분리시키는 기존의 방식이 아니라, 지식의 습득은 물론이고 아는 바를 형상화하는 창조적 과정이 배움의 완결인 것이다.

관점 7: 발표

이와 같은 아는 것을 형상화하는 창조적 배움을 위해서는 자신의 느낌, 생각, 의견을 적극적으로 표현할 수 있어야 한다. 교수-학습이 일방적으로 이루어지는 학습 상황에서는 학습자의 표현이 제한될 수밖에 없다. 하지만 앞으로는 아는 것을 '표현하고 발표'하는 과정도 중요한 학습 방법이 되어야 한다.

관점 8: 배움의 과정을 즐길 수 있어야 한다

그동안 경쟁과 성과 위주의 교육으로 인해 학생들에게 공부가 피로였다면 이제는 '배움의 과정을 즐길 수 있어야 한다.' 배움의 과정이 즐거워지기 위해서는 정해진 결과에 집착하는 것이 아니라 도전과 실패에 유연해져야 한다. 목표와 성과에 집착하다 보면 창의적 사고는 고사하고 아이들에게 피로와 폭력만 강요하게 된다. 배우는 과정에서 실패는 필수 불가결한 것이다. 아이들은 도전할 권리가 있고 실패할 자유가 있어야 한다. 그리고 이 과정을 즐길 수 있어야 한다.

관점 9: 정답은 없다

즐길 수 있는 배움에는 '정답이 없다.' 미래교육에서 중요한 것은 정답을 찾는 것이 아니라, 문제를 해결하는 것이다. 그리고 문제해결의 방법은 한 가지만 있는 것이 아니라 서로 다를 수 있다는 다양하고 유연한 사고가 필요하다.

관점 10: 사회와 연계

마지막으로 이시도 나나코가 강조한 관점은 '사회와 연계'이다. 지역사회는 아이들 배움의 기회이자, 실천의 터전이고, 공동체적 학습의 결과이다. 사실 삶과 연계된 배움이란 지극히 전통적이기도 하지만 충분히 미래지향적이기도 하다. 학교라는 제도가 있기 이전에 배움은 가정과 사회라는 일상에서 이루어졌다. 미래교육을 위해서는 학교의 울타리를 넘나들며 언제, 어디서나, 누구와도 배움이 일어날 수 있는 마을교육공동체가 필요하다.

청소년 자치공동체

마을교육공동체를 실천하면서 미래교육의 지향을 제시하는 사례들이 점차 늘어나고 있다. 의정부시에 있는 '몽실학교'도 그중 하나이다. 몽실학교는 정규학교는 아니지만 교육청이 공간과 예산, 인적 자원을 지원하고 지역사회가 함께 참여하는 청소년 자치배움터이다. 청소년이 스스로 만들어 가는 프로젝트 마을학교인 '꿈이룸학교'를 시작으로 지역의 초·중등 학생들이 만들어 가는 학교 밖 학교인 것이다.

저자를 포함한 연구진이 수행한 몽실학교 연구[2017]에서 대략적이지만 흥미로운 미래교육에 대한 그림을 그릴 수 있었다.

가치 1: 학생 스스로 만들어 가는 배움

몽실학교가 지향하는 첫 번째 가치는 '학생 스스로 만들어 가는 배움'이다. 학교 운영을 지원하는 장학사나 교육활동에 참여하는 길잡이 교사 그리고 학생들 대부분이 학생자치를 몽실학교의 중요한 가치라고 생각한다. 학교 운영의 주요 원칙과 원리를 학생 스스로 기획하고 있으며, 프로젝트 중심의 배움활동도 모든 과정에서 학생들이 참여하고 있다.

가치 2: 도전과 실험정신

몽실의 두 번째 가치는 '도전과 실험정신'이다. 학생들은 다양한 프로젝트를 기획하고 도전하면서 실패를 경험하지만, 이를 두려워하지 않고 끊임없이 도전하고 있다.

> "나에게 몽실학교란 도전이에요. 학교에서 경험하지 못한 것을 몽실에서 많이 해 볼 수 있고 항상 도전을 하고 있어요. 올해 양봉 프로젝트를 했는데 보통 도시에서는 벌을 직접 기른다는 것을 상상도 못했는데 과감히 양봉 프로젝트를 했고, 이를 통해 생태계까지 관심을 갖게 되었어요."몽실 학생, p. 109

"몽실학교는 내가 자유롭게 도전할 수 있도록 도와줘
요. 내가 진정으로 하고 싶은 것이 무엇인지 생각하게 되고,
명문대에 가야 할까라는 고민에서 벗어나 우리가 찾아갈 길
을 스스로 찾게 도와줘요."몽실 학생, p. 111

가치 3: 학습공동체

세 번째 가치는 '학습공동체'이다. 몽실학교에 참여하는 학생들은
초등학교 5학년부터 고등학교 3학년까지이고, 이들은 학년에 상관없
이 함께 마을 프로젝트를 진행한다. 무학년제 운영으로 학생들은 소
통능력이 높아지고 공동체가 얼마나 중요하며 협동이 왜 필요한지를
깨닫게 된다.

"외부에서 볼 때는 (몽실학교에서) 학생들이 마음대로
할 수 있을 것이라고 생각할 수 있는데 사실 그렇지 않아요.
이 안에서 나만의 욕구만을 고집하면서 공동체를 깨는 행동
을 할 수 없어요. 서로의 돈독한 관계 맺음 안에서 공동의
결과물을 내는 것을 중요하게 생각해요. 솔직히 쉽지 않은
작업이에요."몽실 학생, p. 110

가치 4: 마을교육공동체

몽실이 추구하는 네 번째 가치는 '마을교육공동체'이다. 몽실학교에
참여하는 길잡이 교사들은 주로 지역 주민이거나 근처 학교 교사들인

경우가 많다. 최근에는 몽실학교 졸업자 중에서 길잡이 교사 역할을 해 주는 청년들도 있다. 또한 아이들의 배움활동이 지역사회의 네트워크 안에서 지역 사람들과 부대끼며 이루어진다.

"억지로 공동체를 이야기하지 않아도 2명 또는 4명이 프로젝트 활동을 하면서 자연스럽게 마을공동체로 확장되는 것 같았어요. '내 주변과 그리고 많은 사람들과 어떻게 나눌까' 고민을 하면서 인간이 가진 본연의 특성이 발현되고 자연스럽게 발전되는 것 같아요."길잡이 교사, p. 110

몽실의 학생과 길잡이 교사들은 몽실학교와 미래교육이 연결되는 이유로 개인(학생)의 자유와 자발성이 극대화된다는 점을 든다. 현재 학교의 모습이 공부 잘하는 학생들을 위한 소수의 공간이라면, 몽실학교는 누구나 잘할 수 있고, 각자가 좋아하는 것을 찾을 수 있고, 개인의 자유가 보장되는 공간이라는 공감대가 형성되어 있다. 몽실학교에서는 공동체에서 함께 살아갈 미래 시민을 키우고 있다. 학생 개인의 자존감과 자유를 존중하기 때문에 학생 스스로 만들어 가는 배움, 지역사회와 함께하는 실천, 그리고 배움의 결과가 모두가 성장하는 상생으로 나타난다는 점에서 몽실학교는 우리들에게 미래교육의 한 방향을 제시하고 있다.

"4차 산업혁명, 학교교육 제4의 길 등 미래 담론이 많은

데 (이 중에는) 허상이 많다고 봐요. 미래를 너무 멀리 (그리고) 외적인 것으로 본다고 생각해요. 몽실학교의 미래는 현재진행형입니다. 교육청의 건물을 아이들에게 준 것이 미래예요. 몽실에서는 (아이들에게) 많은 기회의 가능성이 바로 지금 주어진다는 점에서 미래지향적입니다."^{몽실 장학사, p. 112}

3. 마을교육공동체의 미래: 지속가능한 마을교육공동체

미래교육 핵심 주제

학교교육을 포함한 미래교육의 방향을 모색하기 위한 노력들이 진행되고 있다. 그동안 진행된 논의들을 바탕으로 미래교육의 키워드를 '교사, 지역, 분권, 그리고 협치'라는 네 가지로 정리할 수 있다.

교사(교사전문성 자본)

교사의 전문성에 대한 강조는 낯선 주장이 아니다. 그동안 진행되어 온 교육개혁 논의와 실천 속에서도 끊임없이 강조되어 왔던 요소이다. 신자유주의 원리가 교육에 그대로 적용되었던 학교교육 제3의 길하그리브스 & 셜리, 2009에서도 교사전문성이 교육의 질을 결정한다는 주장을 하고 있다. 이러한 주장에서 교사전문성은 개인 교사의 노력과 열정에 따라 달라지는 교사 개인 역량이나 능력 정도로 여겨져 왔다. 하지만 미래교육의 방향을 고민하는 논의에서 교사전문성을 자본이라 부르는 것은 과거와는 그 의미와 가치가 다른 것이다. 교사전문성이 교사 한 개인이 가지고 있는 역량이라기보다는 학교 혹은 지역사회에 내재된 교육 역량의 한 부분이기 때문에 자본이라는 표현을 쓴다.

미래교육에서 요구하는 교사전문성 자본이란 학교교육 혹은 공교육의 질을 높이기 위한 교사들의 학습·생활 지도의 역량이기도 하지만, 학교와 공교육 시스템에 내재된 토대적 역량이기 때문에, 이는 교사의 개인적 노력과 열정의 결과물이 아니라 조직과 체제의 수단이자 목표가 되어야 한다는 점을 강조하는 의미이다. 다시 말해서, 교사전문성 자본을 키우려면 교사 개인의 노력은 물론, 교육체제의 조직적 노력도 필수적이라는 것이다. 또한 토대적 역량으로서 교사전문성 자본이란 교사의 교수-학습 전문성뿐만 아니라, 그러한 전문성을 발휘하기 위해 교사들이 행사할 수 있는 충분한 자율과 권한까지 포함하는 개념이다. 이러한 관점에서 학교민주주의를 위한 토대적 역량을 강화하는 것은 교사들의 권한과 기본적 권리를 보장해 교육현장에서 교육권을 확립하는 것을 의미한다.

예를 들어 학교와 지역사회가 함께하는 교육과정을 재구성하기 위해서는 주어진 교육과정의 틀을 재구성할 수 있는 교사의 역량과 함께 이를 수행할 수 있는 자율적 권한이 전제되어야 한다. 학교혁신은 물론이고 마을교육공동체와의 협력도 성숙된 교사의 이해와 참여 없이는 불가능한 것이다.

지역(마을교육공동체)

최근 활발하게 부상하고 있는 지역과 연계한 민주적이고 생태적인 교육 실천은 비단 모범적인 혁신학교들의 사례 수준에 머무르는 것이 아니라, 이제는 다양한 지역과 학교에서 보편적으로 나타나고 있는 혁신교육의 한 방향이 되고 있다. 지역이나 마을에서 이루어지고 있는 청소년들의 실천은 민주적 시민교육이 단순한 구호와 이념의 관점을 넘어서, 현실과 맥락 속에서 그들의 "삶과 배움을 일치"시키는 살아 있는 교육으로 승화되고 있다.

학교의 울타리를 넘나들고 지역의 경계를 허무는 네트워크 중심의 마을교육공동체 활동은 우리 교육이 추구해야 할 방향이다. 현재 추진되고 있는 민주시민교육, 진로교육, 창의적 체험활동, 동아리 활동 등이 학교라는 울타리 안에서 또는 교과서라는 틀 속에서 제대로 이루어질 수는 없다. 이러한 활동이 원활하게 이루어지려면 기존의 학교와 같은 조직이 아니라 네트워크와 같은 플랫폼 형식이 접목되어야 한다. 앞으로 배움을 위한 공간은 정보와 지식 그리고 자원과 사람이 모이는 기회의 장이 되어야 하고, 학습자들은 그 위에서 학습의 네트워크를 확장하는 방식으로 문제해결력을 키워 가는 교육이 이루어져야 한다.

미래교육의 공간적 중심이 학교일 필요는 없다. 학생 중심적이고 경험 중심적인 교육은 학교 안팎에서 이루어질 것이다. 이러한 관점에서 마을교육공동체는 민주적 시민교육의 장場이자 미래교육의 지향이 될 것이다.

분권(교육자치)

　민주주의의 실현을 위한 지방자치와 주민자치 강화와 같은 분권적 흐름은 교육계에도 적용된다. 미래교육이 어떠한 방식으로 진행되든 한 가지 명확한 것은 중앙집권적 교육에서 이제는 지방분권적 교육 방식으로 전환될 것이라는 점이다. 그동안 중앙정부가 주도했던 교육 행정이 앞으로는 시·도 교육청 단위로 분권화되고 이러한 권한은 다시 지역교육지원청이나 학교로 이양되고 있는 추세이다. 명실상부한 교육자치의 시대를 맞이하기 위해서는 중앙부처와 시·도 교육청 단위의 권한 이행 논의와 함께 교육청과 학교 단위의 논의도 진행되어야 한다. 더 나아가 교육의 주체인 학생, 학부모, 교사, 지역사회가 지역의 교육을 위해 어떻게 협력하고 참여할 수 있는지 그 대안을 마련해야 할 시점이다.

　미래교육을 위한 권한 이양의 마지막 단계는 교육의 주체가 되어야 한다. 중앙에서 지방으로 그리고 지방에서 학교로 이루어지는 단체적 혹은 기관적 분권은 형식적일 수밖에 없다. 학교교육이나 지역교육을 위해 스스로 결정하고 참여할 수 있도록 교육 주체들에게 권한이 이양되었을 때 비로소 분권적 교육이 완결될 수 있다. 이러한 점에서 학교와 지역, 관과 민, 교사와 학생을 모두 포함하는 마을교육공동체 구축은 분권적이고 자치적 교육을 위한 기반을 다지는 일이라 볼 수 있다.

협치(교육 거버넌스)

언뜻 보면 자치와 협치가 상호 모순적 의미일 수도 있지만, 사실 그 실천은 언제나 상호 보완적이다. 지역화되고 분권화된 행정이 원활히 이루어지기 위해서는 참여 주체들의 협력과 지원이 필수적이다. 이양된 권한을 바탕으로 다자간의 민주적 결정과 참여가 이루어질 때 비로소 협력적 거버넌스가 실현된다. 교육자치도 마찬가지로 다양한 교육 주체들의 공동 책임과 협력이 전제되어야 실현될 수 있다. 미래교육을 위한 교육행정 체계는 교육청, 학교, 일반자치, 지역, 학부모, 학생 등을 포괄하여 민·관·학이 만나는 교육 거버넌스 체제가 구축되어야 한다. 이미 우리 교육계에는 일반자치와 교육자치가 유기적으로 협력하여 지역교육을 활성화시키는 협치의 경험을 나누고 있다.

2011년부터 시작된 혁신교육지구사업을 통해 일반자치와 교육자치가 서로 연대하고 협력하는 계기를 만들었고, 마을교육공동체는 그러한 혁신교육지구사업의 성과에 더해서 지역사회와 결합하는 모범적인 사례를 보여 주고 있다. 이러한 협치의 흐름이 지속되기 위해서는 일반자치와 교육자치에 더해서 이제는 주민자치와 만나야 한다. 소위 말하는 단체자치(일반자치와 교육자치)끼리의 협력으로 이루어지는 협치(거버넌스)는 종종 구호에 불과한 경우가 많다. 지역의 일상 속에서 직접 경험하고 느낄 수 있는 협치가 되기 위해서는 주민들의 자치적 참여가 반드시 필요하다. 이러한 의미에서 분권화된 미래교육 체제를 지속가능하게 만들기 위한 교육 주체들의 탈중심적 연대와 협치의 구체적인 방안들이 모색되어야 한다. 그리고 마을교육공동체는 협치를 실천하는 가장 낮은 단위의 실천적 토대라 할 수 있다.

지속가능한 마을교육공동체

4차 산업혁명과 같이 최근 우리 사회를 흔드는 미래 담론들을 교육
에 빗대어 보면 한결같이 '시대가 변하고 있으니 교육도 변해야 한다'
라는 논리를 가지고 있다. 미래 담론을 차치하더라도 그동안 우리는
사회가 교육을 바꿔 왔던 부수히 많은 역사적 사례를 경험하고 학습
하였다. 하지만 마이클 애플2014이 우리에게 던졌던 '교육은 사회를 바
꿀 수 있을까'라는 질문을 고민하지 않을 수 없다. 파편화된 피로사회
는 우리의 공동체성을 파괴하였고, 정치적 변화와 시대의 부침은 항
상 교육의 변화를 강요하였다. 이제는 반대로 공동체성의 회복으로 삶
과 인간의 의미를 되새기고, 올바른 교육으로 시대의 변화에 방향과
의미를 담보할 수 있어야 한다.

사회운동의 시작이 늘 그렇듯 마을교육공동체의 시작도 풀뿌리적
실천이었다. 알아주는 사람도 알리고자 하는 사람도 없었지만, 그 반
향은 교육계뿐만 아니라 우리 사회에 큰 울림으로 작동하고 있다. 이
러한 대안적 접근이 우리의 공교육을 바꿀 수 있다는 믿음이 생기면
서 사람들의 관심을 끌게 되었고, 실천의 체계가 잡혀 가면서 이제는
공적 지원을 받는 하나의 교육정책이 되어 가고 있다. 마을교육공동체
는 사회를 바꾸기 위한 교육적 움직임이다.

한국에서 실천되는 마을교육공동체는 전 세계 어느 곳의 그것들과
구분되는 역동성과 다채로움이 있다. 우리만의 마을교육공동체라 할

것이며, 이제는 세계의 실천가와 연구자들이 우리의 것을 탐구하고 있다. 그런데 문제는 지속가능성에 있다. 단기간의 역동이나 다채로움으로 끝난다면 마을교육공동체도 역시 하나의 프로그램에 불과하다. 마을교육공동체가 앞으로 우리 교육문화로 자리 잡기 위해서는 긴 호흡과 넓은 시야가 있어야 한다. 미래교육의 지향으로서 마을교육공동체가 지속가능하기 위해서는 다음과 같은 실천적 접근이 필요하다.

첫째, 앞으로 교육의 혁신은 '지역화된 교육'을 공고히 하는 방향으로 나가야 한다. 지역화된 교육이란 마을을 통한 교육, 마을에 관한 교육, 그리고 마을을 위한 교육을 의미한다. 민주적 시민교육이든 글로벌 교육이든 자라나는 세대가 반드시 실천해야 할 배움은 그들이 살고 있는 지역을 배우는 것이고, 그 지역을 위해 무엇을 할 수 있을지를 고민하는 것이다. 이제 아이들은 지역을 통해 세상을 만날 수 있어야 한다. 살고 있는 지역의 올바른 주민이 되는 것이 올바른 세계시민이 되는 것과 다르지 않고, 그 지역과 자신의 미래를 설계하는 것이 곧 글로벌 시민교육이다.

둘째, 학교혁신과 마을교육공동체는 같이 가야 한다. 학교혁신을 위한 권한은 교사에게 부여되어야 하고, 마을교육을 위한 실천은 주민 참여로 이루어져야 한다. 전 세계적으로 우수한 교육 및 학교 사례들의 공통점은 교사의 전문성을 인정하고 그들이 교육활동을 할 수 있도록 충분한 권한과 역할을 부여한다는 점이다.하그리브스 & 셜리, 2009 그동안 시행되었던 교육정책이 교사를 대상화시켰다면, 앞으로는 그들을 어떻게 주체화시키느냐가 관건이 될 것이다. 학교로부터 시작된 혁신교육은 밖에서부터 들어오는 마을교육과 만나게 된다. 마을교육공동체는 지역의 교육력을 향상시키는 데 초점을 맞추는 것이고, 지역의 교육력은 학교와의 협력을 통해 강화될 수 있다.

셋째, 앞으로 지역사회를 학생들의 미래 설계를 위한 학습 플랫폼으로 만드는 데 중점을 두어야 한다. 배움과 역량 중심 교육이 강조되는 오늘날 학생들의 역량이란 결국 그들의 미래를 설계하고 개척해 나가는 데 필요한 능력이다. 이러한 의미에서 학습 플랫폼은 정보와 지식이 모이고, 사람들이 소통하고, 이를 통해 문제를 해결하는 기회이자 공간을 의미한다. 이제 더 이상 학교가 지식을 전달하는 장소가 아니라 학생들이 미래를 설계하는 데 필요한 정보와 지식을 습득·공유하고 사람들과 소통하며 문제를 해결하기 위한 기회를 제공하는 곳이 되어야 한다. 이를 위해서는 학교와 지역사회의 연계가 이루어져야 하고 지역사회의 교육적 역량과 교육환경을 개선하기 위한 공동체적 노력이 필요하다.

넷째, 이제 혁신교육은 교육 주민자치와 만나야 한다. 그동안 혁신교육 사업은 민·관·학이 함께하는 교육 거버넌스를 지향했다. 하지만 엄밀히 평가하자면 '민'의 참여는 소극적이고 제한적이었다. 학교와 지역사회가 만나야 하는 당위적 인식은 공유하고 있지만 실효적인 참여와 자생적 협력은 미비했던 것이 사실이다. 교육을 위한 지역사회의 자치적 역량이 필요한 이유가 여기에 있다. 지역사회의 참여와 협력이 사업적 한계를 벗어나 생태적 교육공동체로서의 자생성에 근거하기 위해서는 주민자치적 접근이 필요하다. 그동안의 실천을 통해 교육자치가 일반자치와 만날 수 있었다면, 이제는 주민자치와 만나야 할 시점이며 이를 통해 마을교육공동체의 지속가능성을 높이기 위한 모든 교육 주체의 참여와 협력이 이루어져야 한다.

참고 문헌

강민정(2013). 「혁신학교 발전을 위한 제언: 서울형 혁신학교를 중심으로」. 『교육비평』 32, 111-130.

강영택·김정숙(2012). 「학교와 지역사회의 파트너십에 대한 사례 연구: 홍성군 홍동지역을 중심으로」. 『교육문제연구』 43, 27-49.

강영혜(2003). 「교육 관련 주체들의 이념적 좌표 분석 연구: 바람직한 교육공동체 모델 구축」. 한국교육개발원.

강창동(2011). 「고전적 자유주의 관점에서 본 신자유주의 교육관의 이념적 한계」. 『교육사회학연구』 21(1), 1-23.

강창현(2002). 「지역복지공급거버넌스 연구」. 『한국행정학보』 36(2), 313-332.

경기도교육청(2016). 「2016 혁신학교 운영 기본 계획」.

경기도교육청(2016). 「혁신교육지구 시즌 II 운영 계획」.

경기도교육청(2016a). 「2016년 혁신교육지구 시즌 II 운영 계획」. 경기도교육청.

경기도교육청(2016b). 「2016년 마을교육공동체 기본 계획」. 경기도교육청.

곽현근(2015). 「주민자치 개념화를 통한 모형 설계와 제도화 방향」. 『한국행정학보』 49(3), 279-302.

권기헌(2008). 『정책학: 현대 정책이론의 창조적 탐색』. 서울: 박영사.

김귀성·노상우(2001). 『현대교육사상』. 서울: 학지사.

김대훈(2010). 「생태주의 사상의 초등교육적 의미와 실천적 시사점 탐구」. 광주교육대학교교육대학원 석사학위논문.

김상준(2004). 「부르디외, 콜먼, 퍼트넘의 사회자본 개념 비판」. 『한국 사회학』 38(6), 63-95.

김석준·김광주·김근세·김성태·명승환·목진휴·배득종·서진관·서진완·이선우·정충식·한세억(2001). 『뉴거버넌스와 사이버 거버넌스 연구』. 대영문화사.

김성렬(2001). 「학교분쟁의 해결전략: 교육공동체적 관점」. 『교육행정학연구』 19(3), 125-147.

김언순(2012). 「교권의 기초-교육의 자유와 정치적 자유」. 한국교육네트워크. 『새
　로운 사회를 여는 교육혁명』. 살림터.

김영철·강영택·김용련·조용순·이병곤(2016). 「마을교육공동체 해외 사례 조사
　와 정책 방향 연구」. 경기도교육연구원.

김용련·김성천·노시구·홍섭근·이승호·윤지훈(2014). 「경기도 혁신교육지구사
　업 발전 방안 연구-경기형 교육공동체 모형 개발」. 경기도교육청.

김용련(2015a). 「지역사회 기반 교육공동체 구축 원리에 대한 탐색적 접근: 복잡
　성 과학, 사회적 자본, 교육 거버넌스 원리 적용을 중심으로」. 『교육행정학연
　구』 33(2), 259-879.

김용련(2015b). 「시흥 마을교육 비전수립 및 정책추진 방안 연구」. 한국외국어대
　학교 교육공동체연구센터.

김용련(2016). 「마을공동체 구축을 위한 주민자치 실천 사례 연구: 나가노현 아
　치무라 주민자치 활동을 중심으로」. 『일본연구』 (70), 7-28.

김용련(2017). 『마을교육공동체의 미래: 지역과 교사가 중심이 되는 학습 플랫
　폼』. 좋은교사.

김용련·조윤정·박혜진·김현주(2017). 「몽실학교 실태 분석 및 발전 방안 연구」.
　경기도교육청, 한국외국어대학교 교육공동체연구센터.

김용련·이동배·서정원(2016). 「세종시 교육혁신지구 도입을 위한 공동 연구」. 한
　국외국어대학교 교육공동체연구센터.

김용련(2018a). 「마을교육공동체의 미래: 교육 주민자치 시대를 열다」. 『마을교
　육공동체 활성화 방안』(2018년 교육정책네트워크 토론회 자료집). 교육부·전
　라남도교육청·교육정책네트워크 주최.

김용련(2018b). 「혁신교육지구사업 발전 방안」. 2018년도 한국교육학회 연차학
　술대회 자료집.

김용련(2018c). 「마을교육공동체의 미래: 교육 주민자치 시대를 열다」. 『마을교
　육공동체 활성화 방안』(2018년 교육정책네트워크 토론회 자료집), 13-30.

김용련(2018d). 「지역 발전 및 도시 재생을 위한 교육·복지·문화 연계 방안
　연구: 지속가능한 마을교육공동체를 위한 제언」. 교육부·전국시도교육감협
　의회·한국외국어대학교 교육공동체연구센터.

김용련·양병찬·이진철(2018).「지속가능한 세종형 마을교육 방안 개발 연구」. 세종시교육청·한국외국어대학교 교육공동체연구센터.

김용운(2002).『카오스의 날갯짓』. 김영사.

김용찬(2005).『민주화·세계화 시대의 민주시민교육과 정치교육』. 교육과학사.

김용학(2004).『사회 연결망 이론』. 서울: 박영사.

김은경·김용련·양병찬·이진철·한혜정(2018).「충남 마을교육공동체 협업체제 개발 연구」. 충청남도교육청.

나가하타 미노루(2015).「커뮤니티 스쿨의 추진에 관한 연구(2): 커뮤니티 스쿨의 과제와 전망」.

남궁근(2007).「사회자본의 형성과 효과에 관한 경험적 연구의 쟁점」.『정부학연구』 13(4).

노상우(2007).「생태주의에서 본 현대교육학의 세 가지 과제」.『교육철학』 39, 57-79.

노상우·김관식(2007).「생태주의에서 본 교과관과 교육 방법」.『교육종합연구』 5(1), 75-94.

노종희(1998).「학교공동체의 개념적 분석과 그 구축 전략」.『교육행정학연구』 16(2), 385-401.

박상옥·이재준·이다현·이은영(2018).「충북행복교육지구의 지속가능한 발전 방안 연구」. 충청북도교육청.

박상현·김용련(2015).「마을결합형 학교의 개념과 유형화」. 서울특별시교육연구정보원 교육정책연구소.

박우순(2004).「사회자본의 낭만적 애정에 대한 비판적 견해」.『한국조직학회보』 1(2), 81-119.

박원순(2010).『마을이 학교다』. 검둥소.

박은숙(2005).「대안학교의 실태와 발전 방향에 관한 연구」.『아동복지연구』 3(2), 23-41.

박이문(1995).「21세기의 문화: 전망과 희망-생태학적 문화를 위한 제안」. 한국철학회 편.『문화철학』. 서울: 철학과현실사, 294-322.

박재창·B. J. 젤리거(2007).『민주시민교육의 전략과 과제』. 오름.

박제명(2014). 「마을과 학교가 함께 만들어 가는 교육공동체에 관한 사례 연구: 하늬교육마을을 중심으로」. 한국교원대학교 석사학위논문.

백병부·박미희(2015). 「혁신학교가 교육격차 감소에 미치는 효과: 경기도 혁신학교를 중심으로」. 『교육비평』 35, 204-226.

사토 마나부(1999). 『교육개혁을 디자인한다』. 손우정 옮김(2009). 학이시습.

삼성경제연구소 편(1997). 『복잡성 과학의 이해와 적용』. 삼성경제연구소.

서근원(2005). 「교육공동체의 교육인류학적 재해석: 산들초등학교 사례를 중심으로」. 『교육인류학연구』 8(2), 127-179.

서용선·김아영·김용련·서우철·안선영·이경석·임경수·최갑규·최탁·홍섭근·홍인기(2016). 『마을교육공동체란 무엇인가: 탄생, 뿌리 그리고 나침반』. 살림터.

서용선·김용련·임경수·홍섭근·최갑규·최탁(2015). 「마을교육공동체 개념 정립과 정책적 방향 수립 연구」. 경기도교육청.

서정화(2007). 「한국 교육 거버넌스와 권한 배분」. 제143차 한국교육행정학회 학술대회 자료집.

성수자(2011). 「지방교육 거버넌스 구축 방안에 관한 연구: 교육자치와 지방자치의 연계성 확보를 중심으로」. 대전대학교 박사학위논문.

손우정(2012). 『배움의 공동체』. 해냄.

송순재·고병헌·카를 K. 에기디우스(2011). 『위대한 평민을 기르는 덴마크 자유교육』. 민들레.

신옥순(2007). 「아동 중심 교육의 생태학적 이해」. 『교육논총』 27(2), 23-40.

신용하(1985). 『공동체이론』. 서울: 문학과지성사.

신현석(2004). 「교육공동체의 형성과 발전: 동·서양 공동체론으로부터의 시사」. 『한국교육학연구』 22(1), 135-156.

신현석(2006). 「공교육 내실화를 위한 교육공동체 운영모형 개발」. 『한국교육학연구』 12(1), 37-61.

신현석(2010). 「교육 자율화 정책 거버넌스의 분석 및 혁신 방안」. 『한국정책학회보』 제19권 1호.

신현석(2011). 「지방교육의 협력적 거버넌스 구축을 위한 쟁점 분석과 설계 방향 탐색」. 『교육행정연구』 29(4), 99-124.

신현석·정용수(2014). 「혁신학교의 협력적 거버넌스 형성과정 연구: 서울시교육청 사례를 중심으로」. 『교육문제연구』 27(2), 49-93.

안기성(1997). 「교육에서의 거버넌스(Governance)의 문제와 그의 장래」. 『교육정치학연구』 4(1), 1-20.

안승대(2009). 「생태주의 교육사회학의 시론적 검토」. 『교육사회학연구』 19(1), 151-175.

양미경(1997). 「교과 통합 지도의 의의 및 방법적 원리 탐색」. 『교육학연구』 35(4), 111-132.

양병찬(2008). 「농촌 학교와 지역의 협력을 통한 지역교육공동체 형성: 충남 홍동지역 "풀무교육공동체" 사례를 중심으로」. 『평생교육학연구』 14(3), 129-151.

양병찬(2018). 「지역개발과 지역교육의 연계: 지역공동체교육의 재구축」. 제131차 KEDI 교육정책 포럼 자료집.

양병찬(2018). 「한국 마을교육공동체 운동과 정책의 상호작용: 학교와 지역의 관계 재구축 관점에서」. 평생교육학회. 『평생교육학연구』 24(3), 125-152.

엄기형(2003). 「교육공동체 형성을 위한 교육공동체 구성원의 역할 정립 방안」. 한국교육 개발원 제1회 교육지도자 워크숍 자료집.

오만석(2011). 「교육과정 담론의 생태학적 재구성: 시론」. 『도덕교육연구』 23(1), 1-30.

오욱환(2013). 『사회자본의 교육적 해석과 활용』. 교육과학사.

오혁진(2006). 「지역공동체 평생교육의 개념과 성격에 관한 고찰」. 『평생교육학연구』 12(1), 53-80.

유석춘·장미혜·정병은·배영(2007). 『사회자본: 이론과 쟁점』. 그린.

유영초(2005). 『숲에서 길을 묻다』. 한얼미디어.

유홍림(2009). 「정책흐름모형(PSF)를 활용한 정책변동 분석: 새만금간척사업을 중심으로」. 『한국정책학회보』 18(2), 189-218.

이시도 나나코(2014). 『미래교실』. 김경인 옮김(2016). 청어람미디어.

이인회(2013). 「교육 거버넌스 관점에서 본 소규모 학교 통폐합 정책 분석」. 『탐라문화』 42, 347-375.

이재열(2006). 「지역사회 공동체와 사회적 자본」. 『지역사회학』 8(1), 33-67.

이종태(1999). 「새 정부의 교육공동체 형성을 통한 교육개혁」. 한국교육개발원 (편). 『한국교육평론: 교육개혁정책의 심층 해부』. 서울: 문음사.

이지현·김선구(1997). 『개인, 공동체, 교육 III』. 교육과학사.

이진철(2012). 「한국 교육공동체론의 전개 과정과 특성 분석」. 공주대학교대학원 박사학위논문.

이천일(2002). 「생태주의 관점에 따른 교육과정의 의미 탐색」. 인천교육대학교교육대학원 석사학위논문.

임재홍·강남훈·박거용·홍성학·김용련·김학경(2015). 「초중등교육 정상화를 위한 대학 체제 개편방안 연구」. 서울특별시교육연구정보원 교육정책연구소.

전대욱·최인수(2014). 「공공정책의 생태계 조성 전략과 회복력(resilience)의 개념적 적용」. 한국지방행정연구원. 『지방자치 focus』 86.

정규호(2002). 「지속가능성을 위한 도시 거버넌스 체제에서 합의 형성에 관한 연구: 녹색서울시민위원회를 사례로」. 서울대학교대학원 박사학위논문.

정영근(2012). 「일본 정부의 지역교육력 관련 정책」. 한국일본교육학회 추계학술대회 발표자료집, 17-38.

정영수(2004). 「미래지향적 교육공동체 형성의 방향과 과제」. 『교육행정학연구』 22(1), 111-134.

정한호(2009). 「한국 학생의 미국 공립학교 교실수업 경험에 대한 생태학적 분석」. 『교육과정평가연구』 12(1), 43-72.

조용환·서근원(2004). 「지역사회 교육공동체 형성에 관한 연구: 산들초등학교 사례를 중심으로」. 『교육인류학연구』 7(1), 211-244.

조한혜정(2007). 『다시, 마을이다-위험 사회에서 살아남기』. 서울: 또하나의문화.

주삼환(2007). 「교육 거버넌스: 중앙정부의 권한과 역할, 한국의 교육 거버넌스와 권한 배분」. 한국교육행정학회 제143차 학술대회 자료집, 17-45.

주삼환·천세영·김택균·신붕섭·이석열·김용남·이미라·이선호·정일화·김미정·조성만(2015). 『교육행정 및 교육경영』(5판). 학지사.

주철안(2001). 「학교공동체 이론의 탐색과 교육행정의 과제」. 『지방교육경영』 6(2), 한국지방교육경영학회.

진관훈(2012). 「사회적 자본이 지역사회 복지 거버넌스에 미치는 영향에 관한 연구」. 『사회복지정책』 39(4), 205-230.

최성욱(2003). 「한국의 거버넌스 연구 경향에 대한 분석: 신거버넌스(New Governance) 시각에서의 비판적 고찰」. 한국거버넌스학회 2003년 창립기념 학술대회 자료집, 73-89.

최영출·김병식·안성호·엄태석·김보흠·이정주·배정환(2006). 『지역경쟁력 강화와 로컬 거버넌스』. 대영문화사.

한병철(2010). 『피로사회』. 김태환 옮김(2012). 문학과지성사.

한용진·정영근·남경희·송민영·천호성·이성한·장지은·임형연·미즈노 지즈루·최순자·박주현·김종성·김세곤·이선옥, 김수동·공병호·김용련(2017). 『일본의 지역교육력』. 한국일본교육학회(편). 학지사.

허영식(2000). 「민주시민교육과 통일교육의 균형적 발전 방향」. 『민주시민교육논총』 5, 111-139.

홍길표·이립(2016). 『플랫폼 시대의 공공혁신: 공동창조생태계 답이다』. KMAC.

홍성태(2006). 「지역 발전과 공동체의 가능성: 생태공동체와 교육공동체를 중심으로」. 『지역사회학』 8(1), 93-122.

홍영란·백승주·현영섭·홍성호·김용련·권두승(2018). 「지역 발전을 위한 지역교육공동체 구축 전략: 충북 지역을 중심으로」. 한국교육개발원.

홍정순(2015). 「지역사회 통합을 위한 대안학교 운영기반 구축방안 연구-제주특별자치도를 중심으로」. 『한국갈등관리연구』 2(1), 147-174.

홍지오·김용련(2018). 「마을교육공동체 구축과정에서 나타나는 교육 주민자치 실천에 관한 연구: 서종면 교육 주민자치 사례를 중심으로」. 『교육행정학연구』 36(5), 139-165.

황성진(2018). 「마을교육공동체 법령 정비 방안에 대한 토론」. 『마을교육공동체 활성화 방안』(2018년 교육정책네트워크 토론회 자료집), 78-87.

현기철(2008). 『하버마스와 교육』. 학지사.

Apple, M. W.(2012). Can Education Change Society?. Routledge. 강희룡·김선우·박원순·이형빈 옮김(2014). 『교육은 사회를 바꿀 수 있을까?』. 살림터.

Berry, W.(2011). Farming: A Hand Book. Counterpoint, Berkeley.

Bourdieu, P.(1984). Distinction: A Social Critique of the Judgement of Taste. London: Routledge and Kegan Paul.

Bourdieu, P.(1986). The Forms of Capital, in J. Richardson, ed. Handbook of Theory and Research for the Sociology of Education. Westport, CT: Greenwood Press.

Bookchin, M.(2007). Social Ecology and Communalism. Consortium Book Sales & Dist. 서유석 옮김(2012).『머레이 북친의 사회적 생태론과 코뮌주의』. 메이데이.

Bowers, C. A.(2001). Educating for Eco-Justice and Community. Athens, GA: University of Georgia Press.

Bronfenbrenner, U.(1992). The ecology of human development: Experiments by nature and design, Cambridge, Havard Univ. Press.

Capra, F.(1993). The turning point: science, society, and the rising culture. 구윤서·이성범 옮김(2007).『새로운 과학문명의 전환』. 서울: 범양사.

Cilliers, P.(1998). Complexity and postmodernism: Understanding complex systems. New Fetter Lane, London: Routledge.

Coleman, J. S.(1988). Social Capital in the Creation of Human Capital. The American Journal of Sociology, 94, 95-120.

Cooper, Bruce S., Fusarelli, Lance D., and Randall, E. Vance.(2004). Better Policies, Better Schools: Theories and Applications. Boston, MS: Pearson

Davis, B. & Sumara, D.(2006). Complexity and Education: Inquires into Learning, Teaching, and Research. Routledge.

Davis, B.(2004). Inventions of Teaching: A Genealogy. Routledge. 심임섭 옮김(2014).『구성주의를 넘어선 복잡성 교육과 생태주의 교육의 계보학』. 씨아이알.

Epstein, J. L.(2011). School, Family, and Community Partnership: Preparing Educators and Improving Schools(2nd Ed.). Westview Press

Fukuyama, F.(1999) The Great Disruption. Human nature and the reconstitution of social order, London: Profile Books.

Granovetter, M.(1983). The Strength of Weak Ties: A Network Theory Revisited, Sociological Theory, Vol. 1(1983), 201-233.

Hargreaves, A. & Shirley, D.(2009). The Fourth Way: The Inspiring Future for Educational Change. Corwin Press.

Hargreaves, A. & Shirley, D.(2013). The Global Foruth Way. Corwin Press.

Kennis, P. & Schneider, V.(1991). Political Networks and Policy Analysis: Scrutinizing a New Analytical Analysis. In B. Marin & R. Mayntz(eds.), Policy Networks: Empirical Evidence and Theoretical Considerations. Campus Verlag: Westview. Press.

Kooiman, J.(1994). Social-political Governance: Introduction in J. Kooiman, Modern Governanace; New Governance-Society Interactions. London: SAGE Publications.

Kooiman, J.(2002). Governance: A Social-Political Perspective. In Jurgen R. Grote & Bernard Gbikpe(eds.), Participatory Governance: Political and Societal implications. Opladen.

Kooiman, J.(2003). Governing as Governance. London: Sage.

Krishna, A.(2000). Creating and Harnessing Social Capital. In Dasgupta and I. Serageldin(Eds.), Social Capital: A multifaceted perspective(71-93).

Lin, Nan(2000). Inequality in Social Capital. Contemporary Sociology, 29(6), 785-795.

Lowndes, V. and Sullivan, H.(2006). How Low Can You Go? Neighbourhood Governance and Modernisation, paper for the Political Studies Annual Conference, Reading, April 2006.

March, James M. and Olson, P.(1995). Democratic Governance. New York: Free Press.

Merrian, S. B., Courtenay, B. C. & Cerverim R. M.(2006). The role of adult education in addressing global issues. Global Issues and Adult

Education. San Francisco. JOSSEY-BASS.

Moor, E. H., Bagin, D., & Gallagher, D. R.(2012). The School and Community Relations(10th ed.). Pearson.

Nixon, J.(2011). Higher Education and the Public Good: Imagining the University. Continuum. 유성상·김용련·이길재 옮김(2017). 『고등교육과 공익』. 교육과학사.

Peters, B. G.(1995). The Future of Governing: Four Emerging Model. Lawrence, KS: University of Kansas Press.

Portes, A.(1998). Social Capital: Its Origins and Applications in Modern Sociology. Annual Review of Sociology, 24(1), 1-24.

Price, H. B.(2008). Mobilizing the Community to Help Students Succeed. ASCD.

Prigogine, I., & Stengers(1994). Order out of Chaos. 유기풍 옮김(1994). 『혼돈 속의 질서』. 민음사.

Putnam, R. D.(1993). The Prosperous community: social capital and public life. The American Prospect, 4(13): 35-42.

Putnam, R. D.(1995). Turning In, Turning Out: The Strange Disappearance of Social Capital in America. Political Science & Politics, 28: 664-683.

Putnam, R. D.(2000). Bowling alone: The collaps and revival of American community. New York: Simon and Schuster.

Resnick, M.(1996). Beyond the Centralized Mindset. Journal of the Learning Sciences, 5(1), 1-22.

Rhodes, R. A.(2000). Foreword, in Gerry Stocker(ed.), The New Politics of British Local Governance. London: Macmillan Press Ltd.

Schwab, K(2016). The Foruth Industrial Revolution. Crown Pub.

Sergionanni, T.(1994). Building community in school. San Francisco. Jossey-Bass Publisher.

Somerville, P. & Haines, N.(2008). Prospects for Local Co-governance. Local Goverment Studies, 34(1), 61-79.

Wacquant, L. J. D.(1992). Toward a social praxeology: The structure and logic of Bourdieu's sociology. In An invitation to reflexive sociology, written by P. Bourdieu and L. J. D. Wacquant. Chicago, IL: The University of Chicago Press.

Waldrop, M. M.(1992). Complexity: the emerging science at the edge of order and chaos. New York: Simon & Schuster.

Yoshimasa, Y.(1997).『복잡계란 무엇인가』. 서울: 한국경제신문사.

삶의 행복을 꿈꾸는 교육은 어디에서 오는가?

● **교육혁명을 앞당기는 배움책 이야기** 혁신교육의 철학과 잉걸진 미래를 만나다!

● **비고츠키 선집** 발달과 협력의 교육학 어떻게 읽을 것인가?

 생각과 말
레프 세묘노비치 비고츠키 지음
배희철·김용호·D. 켈로그 옮김 | 690쪽 | 값 33,000원

 도구와 기호
비고츠키·루리야 지음 | 비고츠키 연구회 옮김
336쪽 | 값 16,000원

 어린이 자기행동숙달의 역사와 발달 I
L.S. 비고츠키 지음 | 비고츠키 연구회 옮김
564쪽 | 값 28,000원

 어린이 자기행동숙달의 역사와 발달 II
L.S. 비고츠키 지음 | 비고츠키 연구회 옮김
552쪽 | 값 28,000원

 어린이의 상상과 창조
L.S. 비고츠키 지음 | 비고츠키 연구회 옮김
280쪽 | 값 15,000원

 비고츠키와 인지 발달의 비밀
A.R. 루리야 지음 | 배희철 옮김 | 280쪽 | 값 15,000원

 정서학설 I
L.S. 비고츠키 지음 | 비고츠키 연구회 옮김
584쪽 | 값 35,000원

 수업과 수업 사이
비고츠키 연구회 지음 | 196쪽 | 값 12,000원

 비고츠키의 발달교육이란 무엇인가?
비고츠키교육학실천연구모임 지음 | 412쪽 | 값 21,000원

 비고츠키 철학으로 본 핀란드 교육과정
배희철 지음 | 456쪽 | 값 23,000원

 비고츠키와 마르크스
앤디 블런던 외 지음 | 이성우 옮김 | 388쪽 | 값 19,000원

 성장과 분화
L.S. 비고츠키 지음 | 비고츠키 연구회 옮김
308쪽 | 값 15,000원

 연령과 위기
L.S. 비고츠키 지음 | 비고츠키 연구회 옮김
336쪽 | 값 17,000원

 의식과 숙달
L.S 비고츠키 | 비고츠키 연구회 옮김
348쪽 | 값 17,000원

 분열과 사랑
L.S. 비고츠키 지음 | 비고츠키 연구회 옮김
260쪽 | 값 16,000원

 성애와 갈등
L.S. 비고츠키 지음 | 비고츠키 연구회 옮김
268쪽 | 값 17,000원

 흥미와 개념
L.S. 비고츠키 지음 | 비고츠키 연구회 옮김
408쪽 | 값 21,000원

 정서학설 II
L.S. 비고츠키 지음 | 비고츠키 연구회 옮김
480쪽 | 값 35,000원

 관계의 교육학, 비고츠키
진보교육연구소 비고츠키교육학실천연구모임 지음
300쪽 | 값 15,000원

 비고츠키 생각과 말 쉽게 읽기
진보교육연구소 비고츠키교육학실천연구모임 지음
316쪽 | 값 15,000원

 교사와 부모를 위한 비고츠키 교육학
카르포프 지음 | 실천교사번역팀 옮김
308쪽 | 값 15,000원

 혁신학교
성열관·이순철 지음 | 224쪽 | 값 12,000원

 행복한 혁신학교 만들기
초등교육과정연구모임 지음 | 264쪽 | 값 13,000원

서울형 혁신학교 이야기
이부영 지음 | 320쪽 | 값 15,000원

 대한민국 교사, 어떻게 가르칠 것인가?
윤성관 지음 | 320쪽 | 값 15,000원

 아이들을 어떻게 가르칠 것인가
사토 마나부 지음 | 박찬영 옮김 | 232쪽 | 값 13,000원

 모두를 위한 국제이해교육
한국국제이해교육학회 지음 | 364쪽 | 값 16,000원

혁신교육, 철학을 만나다
브렌트 데이비스·데니스 수마라 지음
현인철·서용선 옮김 | 304쪽 | 값 15,000원

 경쟁을 넘어 발달 교육으로
현광일 지음 | 288쪽 | 값 14,000원

 혁신교육 존 듀이에게 묻다
서용선 지음 | 292쪽 | 값 16,000원

 핀란드 교육의 기적
한넬레 니에미 외 엮음 | 장수명 외 옮김
456쪽 | 값 23,000원

다시 읽는 조선 교육사
이만규 지음 | 750쪽 | 값 33,000원

 한국 교육의 현실과 전망
심성보 지음 | 724쪽 | 값 35,000원

 대한민국 교육혁명
교육혁명공동행동 연구위원회 지음
224쪽 | 값 12,000원

 독일의 학교교육
정기섭 지음 | 536쪽 | 값 29,000원

● **경쟁과 차별을 넘어 평등과 협력으로 미래를 열어가는 교육 대전환! 혁신교육 현장 필독서**

 교실 속으로 간 **이해중심 교육과정**
온정덕 외 지음 | 224쪽 | 값 13,000원

 교실 속으로 간 **이해중심 통합교육과정**
온정덕 외 지음 | 224쪽 | 값 15,000원

 포스트 코로나 시대의 교육
성열관 외 지음 | 224쪽 | 값 15,000원

 **초등 백워드 교육과정
설계와 실천 이야기**
김병일 외 지음 | 352쪽 | 값 19,000원

 내일 수업 어떻게 하지?
아이함께 지음 | 300쪽 | 값 15,000원

 **학습격차 해소를 위한 새로운 도전
보편적 학습설계 수업**
조윤정 외 지음 | 240쪽 | 값 15,000원

 **학교의 미래,
전문적 학습공동체로 열다**
새로운학교네트워크·오윤주 외 지음 | 276쪽 | 값 16,000원

 마을교육공동체란 무엇인가?
서용선 외 지음 | 360쪽 | 값 17,000원

 **마을교육공동체
생태적 의미와 실천**
김용련 지음 | 256쪽 | 값 15,000원

 강화도의 기억을 걷다
최보길 지음 | 276쪽 | 값 14,000원

 학교폭력, 멈춰!
문재현 외 지음 | 348쪽 | 값 15,000원

 체육 교사, 수업을 말하다
전용진 지음 | 304쪽 | 값 15,000원

 학교를 살리는 회복적 생활교육
김민자·이순영·정선영 지음 | 256쪽 | 값 15,000원

 평화의 교육과정 섬김의 리더십
이준원·이형빈 지음 | 292쪽 | 값 16,000원

 삶의 시간을 잇는 문화예술교육
고영직 지음 | 292쪽 | 값 16,000원

 마을교육과정을 그리다
백윤애 외 지음 | 336쪽 | 값 16,000원

 **미래교육을 디자인하는
학교교육과정**
박승열 외 지음 | 348쪽 | 값 18,000원

 **혁신교육지구와 마을교육공동체는
어떻게 만들어지는가?**
김태정 지음 | 376쪽 | 값 18,000원

아이들을 어떻게 가르칠 것인가
사토 마나부 지음 | 박찬영 옮김 | 232쪽 | 값 13,000원

코로나 시대,
마을교육공동체운동과 생태적 교육학
심성보 지음 | 280쪽 | 값 17,000원

혐오, 교실에 들어오다
이혜정 외 지음 | 232쪽 | 값 15,000원

수업, 슬로리딩과 함께
박경숙 외 지음 | 268쪽 | 값 15,000원

물질과의 새로운 만남
베로니카 파치니-케처바우 외 지음 | 240쪽 | 값 15,000원

그림책으로 만나는 인권교육
강진미 외 지음 | 272쪽 | 값 18,000원

수업 고수들
수업·교육과정·평가를 말하다
박현숙 외 지음 | 368쪽 | 값 17,000원

아이들의 배움은 어떻게 깊어지는가
이시이 준지 지음 | 방지현·이창희 옮김
200쪽 | 값 11,000원

미래, 공생교육
김환희 지음 | 244쪽 | 값 15,000원

들뢰즈와 가타리를 통해 유아교육 읽기
리세롯 마리엣 올슨 지음 | 이연선 외 옮김
328쪽 | 값 17,000원

혁신고등학교, 무엇이 다른가?
김현자 외 지음 | 344쪽 | 값 18,000원

시민이 만드는 교육 대전환
심성보·김태정 지음 | 248쪽 | 값 15,000원

평화교육
과거, 현재 그리고 미래를 그리다
모니샤 바자즈 외 지음 | 권순정 외 옮김
268쪽 | 값 18,000원

대전환 시대 변혁의 교육학
진보교육연구소 교육과정연구모임 지음
400쪽 | 값 23,000원

교육의 미래와 학교혁신
마크 터커 지음 | 전국교원양성대학교 총장협의회 옮김
332쪽 | 값 19,000원

남도 임진의병의 기억을 걷다
김남철 지음 | 288쪽 | 값 18,000원

프레이리에게 변혁의 길을 묻다
심성보 지음 | 672쪽 | 값 33,000원

서울대 10개 만들기
김종영 지음 | 348쪽 | 값 18,000원

선생님, 통일이 뭐예요?
정경호 지음 | 252쪽 | 값 13,000원

함께 배움
학생 주도 배움 중심 수업 이렇게 한다
니시카와 준 지음 | 백경석 옮김 | 280쪽 | 값 15,000원

다정한 교실에서 20,000시간
강정희 지음 | 296쪽 | 값 16,000원

즐거운 세계사 수업
김은석 지음 | 328쪽 | 값 13,000원

밥상혁명
강양구·강이현 지음 | 298쪽 | 값 13,800원

학교를 개선하는 교장
지속가능한 학교 혁신을 위한 실천 전략
마이클 풀란 지음 | 서동연·정효준 옮김 | 216쪽 | 값 13,000원

선생님, 민주시민교육이 뭐예요?
염경미 지음 | 244쪽 | 값 15,000원

교육혁신의 시대
배움의 공간을 상상하다
함영기 외 지음 | 264쪽 | 값 17,000원

도덕 수업, 책으로 묻고 윤리로 답하다
울산도덕교사모임 지음 | 320쪽 | 값 15,000원

교육과 민주주의
필라르 오카디즈 외 지음 | 유성상 옮김
420쪽 | 값 25,000원

교육회복과 적극적 시민교육
강순원 지음 | 228쪽 | 값 15,000원

비판적 미디어 리터러시 가이드
더글러스 켈너·제프 셰어 지음 | 여은호·원숙경 옮김
252쪽 | 값 18,000원

지속가능한
마을, 교육, 공동체를 위하여
강영택 지음 | 328쪽 | 값 18,000원

백워드로 설계하고 피드백으로 완성하는
성장중심평가
이형빈·김성수 지음 | 356쪽 | 값 19,000원

우리 교육, 거장에게 묻다
표혜빈 외 지음 | 272쪽 | 값 17,000원

참된 삶과 교육에 관한
생각 줍기